Deutsche Haiku-Gesellschaft e. V.

Die Deutsche Haiku-Gesellschaft e. V.[1] unterstützt die Förderung und Verbreitung deutschsprachiger Lyrik in traditionellen japanischen Gattungen (Haiku, Tanka, Haibun, Haiga und Kettendichtungen) sowie die Vermittlung japanischer Kultur. Sie organisiert den Kontakt der deutschsprachigen Haiku-Dichter untereinander und pflegt Beziehungen zu entsprechenden Gesellschaften in anderen Ländern. Der Vorstand unterstützt mehrere Arbeits- und Freundeskreise in Deutschland sowie Österreich, die wiederum Mitglieder verschiedener Regionen betreuen und weiterbilden.

[1]Mitglied der Federation of International Poetry Associations (assoziiertes Mitglied der UNESCO), der Haiku International Association, Tokio, Ehrenmitglied der Haiku Society of America, New York.

Anschrift Deutsche Haiku-Gesellschaft e.V., z. Hd. Stefan Wolfschütz, Postfach 202548, 20218 Hamburg

Vorstand

Info/DHG-Kontakt und Redaktion Horst-Oliver Buchholz, horst-oliver.buchholz@dhg-vorstand.de

Redaktion Eleonore Nickolay, eleonore.nickolay@dhg-vorstand.de

Kassenwartin Petra Klingl, petra.klingl@dhg-vorstand.de

Website Stefan Wolfschütz, stefan.wolfschuetz@dhg-vorstand.de

Claudia Brefeld, claudia.brefeld@rub.de

Internationale Kontakte Klaus-Dieter Wirth, kd.wirth@dhg-vorstand.de

Peter Rudolf, peter.rudolf@dhg-vorstand.de

Tony Böhle, tony.boehle@dhg-vorstand.de

Bankverbindung: Landessparkasse zu Oldenburg, BLZ 280 501 00, Kto.-Nr. 070 450 085 (BIC: SLZODE22XXX, IBAN: DE97 2805 0100 0070 4500 85)

AF206207

Bibliografische Information der Deutschen Nationalbibliothek:
Die Deutsche Nationalbibliothek verzeichnet diese Publikation in der Deutschen
Nationalbibliografie; detaillierte bibliografische Daten sind im Internet über
dnb.dnb.de abrufbar.

©2020 Deutsche Haiku-Gesellschaft
Herstellung und Verlag:
BoD – Books on Demand, Norderstedt
ISBN 978-3-750469-86-0

Editorial

Liebe Leserinnen und Leser,

ein großer Dichter notierte im Jahre 1927:

> „Echte Bildung ist nicht Bildung zu irgendeinem Zwecke, sondern sie hat, wie jedes Streben nach Vollkommenheit, ihren Sinn in sich selbst […]. Von den Wegen, die zu solcher Bildung führen, ist einer der wichtigsten das Studium der Weltliteratur …"

Wohl gesprochen und wohl wahr. So wünscht die Redaktion Ihnen ein anregendes Studieren und Stöbern in dieser Ausgabe. Mag sie auch keine Weltliteratur enthalten, so stehen ihre Beiträge doch in deren Traditionen und gehen ihre Wege weiter. In diesem Sinne unterwegs werden Sie manches Neue finden. Mit „HaiQ" heben wir den ersten Vorhang für diese Rubrik, in der unerforschte Wege gegangen, Grenzen erprobt und vielleicht gar erweitert werden. Und aus der Rubrik „Weiterdichten" wird „KreAktiv". Hier wollen wir Neues wagen über das bloße Weiterdichten hinaus. So bleiben wir unseren Wurzeln verbunden und wollen doch in behutsamer Hege und Pflege neue Blüten daraus ans Licht bringen. Seien Sie also neugierig, was Ihnen alles blüht in diesem Heft.

Ach, übrigens, der eingangs zitierte Dichter war Hermann Hesse. Auch ein Entdecker und Gärtner aus Leidenschaft.

Herzliche Grüße
Ihr Horst-Oliver Buchholz

Inhalt

Aufruf

Neue Anthologie der Deutschen Haiku-Gesellschaft

Haiku, Tanka, Haibun und vieles mehr – die Mitglieder der DHG kreieren fortwährend einen breiten Strom literarischer Werke. Davon soll nun das Beste einfließen in eine neue Anthologie: Der DHG-Vorstand hat beschlossen, im kommenden Jahr eine weitere Sammlung mit Texten von DHG-Mitgliedern zu veröffentlichen.

Anders als bei vorausgegangenen Anthologien soll das neue Buch nicht allein Haiku umfassen, sondern sich auch für Tanka und Haibun öffnen. Ziel ist es, eine Anthologie zu erschaffen, die das breite Spektrum literarischer Produktion der DHG-Mitglieder widerspiegelt, einen Überblick darüber gibt, was Neues kreiert worden ist seit der vergangenen DHG-Anthologie aus dem Jahr 2017.

Gesucht werden also Texte, die in den vergangenen drei Jahren – seit 2017 – geschrieben worden sind. Es dürfen auch Texte sein, die bereits in SOMMERGRAS oder anderenorts veröffentlicht wurden. Also stöbern Sie in Ihren Blättern, sichten Sie Ihre Texte der letzten drei Jahre und suchen Sie die gelungensten für die neue Anthologie aus.

Jedes Mitglied erhält ein Freiexemplar. Weitere Exemplare können dann über den regulären Buchhandel bestellt werden. Die Rahmenbedingungen im Überblick:

– Teilnahme nur für DHG-Mitglieder
– eingereicht werden dürfen Werke der Jahre 2017 bis 2020
– fünf Texte: Haiku oder Tanka, die Verteilung ist frei wählbar
– und zusätzlich ein (nicht zu langes) Haibun
– Einsendeschluss: **15. Oktober 2020**
– Einsendungen an: **horst-oliver.buchholz@dhg-vorstand.de**
– Einsendungen unter dem Stichwort: **Anthologie 2021**

Wir sind sehr gespannt. Und Sie dürfen neugierig sein auf diese neue Anthologie der Deutschen Haiku-Gesellschaft.

Der DHG-Vorstand

KreAktiv

„Weiterdichten" ist jetzt KreAktiv

Über Jahre hinweg haben Sie, liebe Leserinnen und Leser, die Rubrik Weiterdichten mit Ihren kreativen Ideen, Versen und Bildern zu einem bunten poetischen Forum gemacht. So soll es bleiben. Wir wollen diesem Forum jetzt aber einen neuen Namen geben: aus „Weiterdichten" wird KreAktiv. Warum das? Weil es sich gezeigt hat, dass diese Rubrik mehr ist als nur ein Ort zum Weiterdichten. Die Grenzen wurden verschoben im Laufe der Zeit, oder sagen wir besser: Sie wurden erweitert. So haben wir hier vielfach eingeladen, Verse zu bestimmten Themen zu schreiben, zum Frühling oder Winter etwa, was ein Weiterdichten nicht mehr ist, sondern vielmehr ein Neuerschaffen. Dem wollen wir Ausdruck verleihen mit dem neuen Namen KreAktiv. Sonst bleibt alles, wie Sie es kennen. Und hier sind Sie auch gleich wieder eingeladen, aktiv und kreativ zu werden. Der Anlass ist dieses Mal ein außergewöhnlicher.

Denn die vergangenen Monate waren für jeden von uns abseits der gewohnten Normalität. Nur zu zwingenden Anlässen durften wir die Wohnung verlassen, Familie und Freunde nicht mehr besuchen, Reisen mussten wir absagen und Urlaube stornieren. Niemand hat das je so erlebt. Wir waren zumeist zurückgeworfen auf den engsten Familienkreis, die eigenen vier Wände – und auf uns selbst. Das muss verarbeitet werden. Schreiben und schicken Sie uns also ein Haiku zu dieser Zeit. Was haben Sie in dieser Zeit erlebt, was beobachtet, welche Gedanken bewegten Sie, welche Gefühlsräume haben Sie durchschritten? Wir sind sehr gespannt und werden wieder eine Auswahl der Einsendungen veröffentlichen.

Einsendung an: redaktion@sommergras.de
Stichwort: Haiku KreAktiv
Einsendeschluss: 15. Juli 2020

Und denken Sie wieder daran: Bitte nur <u>ein</u> Haiku einreichen, und es muss bislang unveröffentlicht sein.

Im vergangenen Heft hatten wir um ein Haibun gebeten – ein Haibun zu einem besonderen Ort. 19 Texte haben uns erreicht und führten uns an viele Orte; solche der Natur oder der Stadt, aber auch solche der Erinnerung oder der Geschichte. Wir haben aufmerksam gelesen und sind vielen Spuren gefolgt. Die führten uns schließlich zu einem Text von Gabriele Hartmann, der die höchste Wertung erhalten hat. Hier das Haibun

Salz

Ich atme tief durch, schließe die Augen und bin am Meer. Versinke in Erinnerungen. Gleißendes Blau, tosende Brandung, spritzende Gischt, warmer Wind.
Schon als Kind war ich hier. Nichts hat sich seither verändert. Oder doch? Dröhnen die Wellen nicht leiser? Damals umfing mich Pinienduft.
„Wir müssen gehn", sagten die Eltern schließlich. Dann rollten Tränen, obwohl ich wusste, ich komme wieder und in der Zwischenzeit brauch ich doch nur die Augen zu schließen, dann bin ich am Meer.
Deine Hand berührt mich. Ich öffne die Augen. „Wir müssen gehn", sagst du.

Dammbruch
in der Kuhle sammelt sich
Salz

Gegenwart und Vergangenheit, Erinnerung und das Sein im Hier und Jetzt – in diesem Text werden wir an viele Orte geführt. Die Wege sind verschlungen in den Zeiten, wie geträumt, und doch sind sie konkret im Gegenwärtigen. Das alles ist so kunstvoll verwoben zu einem leichten Stoff, dass man es kaum entflechten oder kommentieren möchte. Sich dem entziehend dann doch ein paar behutsame Gedanken zum Text.

Wir lesen von einer Rückkehr – „Schon als Kind war ich hier" – wir lesen von Pinienduft, wir dürfen also annehmen, dass der Ort am Meer im Süden liegt, das Mittelmeer vermutlich. „Nichts hat sich verändert" –

Beständigkeit in all den Jahren, die jedoch brüchig ist, denn sogleich wird sie in Zweifel gezogen, denn nichts bleibt, wie es ist, durch die Zeiten. Hat sich aber der Ort geändert oder die Wahrnehmung des Ortes, so wie man im Alter den gleichen Ort eben anders erlebt als in Kindertagen? Das bleibt offen. Hier begegnet uns das Motiv des steten Wandels, auch das des Alterns, dies aber in sachter Weise, es wird nicht ausdrücklich genannt, es vermittelt sich durch die sinnlichen Wahrnehmungen, durch Erinnerungen auch. So wird der Prosatext an dieser Stelle bereits zu einem lyrischen. „Wir müssen gehen", sagen die Eltern, Abschied bricht an, der geliebte Ort muss aufgegeben werden, Tränen fließen. Nur die Erinnerung, das Zurückträumen des Kindes dorthin, vermag Trost zu geben.

Dann, wie von einer Traumreise kommend, die jähe Ankunft in der Gegenwart: „Wir müssen gehen", sagt nun – ein anderer. Die gleichen Worte, die gleiche salzige Erfahrung. Und doch: Hier braucht es, anders als zu den Zeiten des Kindes, keine Zuflucht ins Träumerische, denn eine Hand berührt, und wir dürfen annehmen, dass die Hand geleitend ist, im Sinne von jemanden an die Hand nehmen. Dieser Jemand ist nicht allein, der weitere Weg wird gemeinsam gegangen. So wird dem Abschiednehmen Trost und Zuflucht beigegeben, dem Bitteren Süße beigemischt. Und ist Abschiednehmen nicht zugleich auch ein Aufbruch zu Neuem?

Im Haiku sammelt sich etwas, Salz, es wird etwas zusammengeführt. Dies setzt einen Kontrapunkt zum Abschied im Prosateil, der trennend ist. Das Salz knüpft die Verbindung zum Meer. Wie auch der Dammbruch, der sonst ein Unglück ist, das unkontrolliertes Überfließen oder gar Überfluten zur Folge hat – hier führt der Bruch etwas zusammen, er sammelt ein: das Salz, das lebensnotwendige.

So führt uns dieses Haibun, geschrieben zu einem besonderen Ort, an viele Orte. Doch verliert sich nichts darin. Es gewinnt indes – mit jedem Lesen.

Kommentiert von Horst-Oliver Buchholz.

Außerdem hat die Jury sieben weitere Haibun ausgewählt:

Sylvia Bacher

Brüchig

Mit dem Auto fahren wir von Windhoek an die Westküste Namibias, nach Swakopmund: In der Wüste steht noch das Wasser des letzten Regens. Alles glitzert und flimmert.

Der Keilriemen des alten VW reißt. Die Winternächte in Namibia sind kalt, mit im Gepäck sind Pullover und eine Strumpfhose. Fest zu einem langen Strang verdreht wird diese zum Ersatzteil – bis zur nächsten Werkstatt.

Die Schlangen haben sich verkrochen, der Gecko hält sich versteckt, der Wüstengoldmull hat sich in das stillgelegte Sperrgebiet zurückgezogen.

Vor der Küste im Atlantik liegt das Wrack eines auf Grund gelaufenen Schiffes.

Weiter nach Süden geht die Fahrt – bis Kolmanskop: Alte verfallene Häuser in den sandverwehten Straßen der toten Stadt bewahren eine nicht nur ruhmreiche Geschichte.

sonnenhitze

gedeih – und verderb

Claus Hansson

auf dem Zafu

Zum sonntäglichen Treffen ist nur eine Handvoll Teilnehmer erschienen. Alle Fenster sind geöffnet, und frische Frühlingsluft flutet in den weiß getünchten Raum. Warm glänzt das Licht der Abendsonne auf dem alten Holzfußboden. Das rituelle Teetrinken liegt bereits hinter uns. Wir richten uns ein für die erste Runde.

auf dem Zafu –
in die Stille klingt
ein Amsellied

Birgit Heid

KALLIGRAFIE

Das Rondell vor den Arkaden des Heilig-Geist-Spitals. Die Spitalgasse führt am Narrenschiff vorbei Richtung Hauptmarkt. Hinter mir Hans-Sachs-Gasse, Obstmarkt und der Fünferplatz mit seinen Patrizierhäusern. Ich auf dem Fahrrad bergab nach den Univorlesungen. Die Haare flattern im Septemberwind. Hinter dem Chor der Frauenkirche auf dem Marktplatz frische Äpfel und Zwetschgen, bevor ich nach Hause fahre.

Postkartenmotiv
was weiß meine Tochter
von mir?

Reinhard Lehmitz

Rotdornweg

Er war fast noch ein kleiner Junge und wartete täglich sehnsüchtig auf ihr Erscheinen. Oft stand er am Fenster, wünschte sich so sehr, sie zu sehen. Sie war etwas älter als er. Bei ihrem Anblick begann sein Herz wild zu schlagen. Ihr Gang verzauberte ihn und ließ ihn träumen. Er träumte Berührungen. Oft folgte er ihrem Weg und suchte nach ihren Spuren. Sie wohnte in einem „Rotdornweg". Warum trat sie nicht heraus, um ihn zu umarmen? Warum spürte sie ihn nicht? Er wartete auf dem Weg unter den Linden vor seinem Haus, ging ihr entgegen. Sie sah ihn nicht, diesen Jungen, der sich nach ihr verzehrte. Seine Sehnsucht war schmerzhaft. Er fasste allen Mut und streifte sie im Vorbeigehen sanft mit seiner Hand. Sie bemerkte ihn und schenkte ihm ein Lächeln. Er war sich sicher, der glücklichste Mensch dieser Welt zu sein. Alle Wege erschienen ihm offen. Nur oft genug aus dem Fenster sehen und alles wird wie ein Zauber. Er sah sie nie wieder. Das Leben brachte ihn an einen anderen Ort. Sein Traum aber war eingebrannt. Ihr Bild hat ihn nie verlassen. Was mag sie gedacht haben bei ihrem Lächeln?

Nach dem Platzregen –
Die Straße wird zum Flussbett
mit Lindenblütenschiffchen

Wolfgang Rödig

Vom Elternhaus aus ist es nicht besonders weit. Der windige, doch gar nicht kühle Frühherbsttag ist wie eine Einladung. Der Weg führt durch ein Neubaugebiet. Auch die Dörfer wachsen hier noch weiter, nur die Welt wird immer kleiner. Trotzdem wagt gewiss nicht jeder, der früh davon geträumt, den größeren Schritt. Die abschweifenden Gedanken verfangen sich in leichter Wehmut. Die Wiese, Glücksort aus Kindertagen, liegt dem

Gefühl nach unverändert da, von der übernächsten Generation vereinnahmt, heute wie damals mit den Freiräumen spielend, vor sich die Zeit.

kräftiger Herbstwind
Adler am Himmel
das Kind gibt ihm mehr Schnur

Angelica Seithe

Ich glaube, es war vor vielen Jahren, als ich von einer Seychellenreise zurückkam, dass ich mich unvermittelt freute auf meinen Sitzplatz im Bett – mit Blick hinaus in den Morgen: die Gardine beiseitegeschoben, den Laptop auf dem Federbett, draußen die atmenden Zweige der Birke, der Burgfried und das rötliche Licht über den Gärten.
Hier saß ich immer, meist mit eigenen Texten befasst. Ich genoss die frühe Stunde, bevor ich kurz vor neun in die Stadt zu meiner täglichen Arbeit fahren musste.
Beim Heimkommen aus der Ferne gab es einen Moment, bei dem mir das Bild dieses Ortes plötzlich vor Augen trat, kostbar und unverzichtbar. Ich sehnte mich nach diesem Platz, der mein wirklicher, mein eigentlicher, … mein Lieblingsplatz war.

im Schaufenster
Bleistift und Hefte –
ein Kind bleibt stehen

Klaus-Dieter Wirth

Glück

Nun hat Großvaters Rosenstock schon fast zwei Leben überlebt, und er
kennt sie noch zu gut, seine genügsamen Momente stillen Genusses nach
dem gerade überstandenen Krieg, wenn es ihm gelungen war, aus den
abgefallenen, getrockneten Blütenblättern und den Tabakresten aufgesam-
melter Zigarrettenkippen bedächtig ein Pfeifchen zu stopfen, angezündet an
der Herdglut mit einem Fidibus, den er mich aus Zeitungspapier zu falten
gelehrt hatte.
Mein Vorrat davon, sogleich eifrig angelegt, entsprach durchaus der Gön-
nerhaftigkeit des Rosenstocks.
Aber es war nur zu offensichtlich, dass auch Großvater viel öfter mein
Staunen darüber sehen wollte, wie er mit gekonnten Luftstößen kunstvoll
Rauchkringel in die Luft zauberte.

> Landesgartenschau
> den stärksten Duft verströmt
> *Judy, die Obskure*

Haiku-Kaleidoskop

Klaus-Dieter Wirth

Grundbausteine des Haiku (XL)
dargestellt an ausgewählten Beispielen

Enjambement

Die Bezeichnung Enjambement stammt aus dem Französischen und wird im Deutschen mit „Zeilensprung" wiedergegeben, im Japanischen mit „*kumatagari*" und im Englischen mit „*line-break*", „*line straddling*" oder „*run-on line*". Gemeint ist „das Übergreifen des Satz- und Sinnzusammenhangs ohne emphatische Pause von einer Verszeile … auf die folgende, sodass Satz- und Versende nicht zusammenfallen, der Satzschluss meist innerhalb einer Verszeile steht und deren metrische Einheit aufteilt".[1] Das Enjambement war schon in der antiken Literatur durchaus bekannt und wurde danach auch in der mittelhochdeutschen Lyrik verwendet. In Frankreich blieb es dagegen infolge des strengen Regeldiktats, aufgestellt im 16./17. Jh. von den Wegbereitern der Klassik François de Malherbe und Nicolas Boileau-Despréaux, bis zur beginnenden Romantik unter André Chénier prinzipiell verpönt. In der deutschen und englischen Poesie indes ist der Zeilensprung seit der Renaissance ein gängiges Stilmittel zur Variation der Sprachführung geblieben.

Mit Bezug auf das Haiku sind interessanterweise unterschiedliche Beliebtheiten festzustellen, historisch gesehen wie auch heutzutage. Grundsätzlich ist das Enjambement in der japanischen Dichtung nur sehr selten anzutreffen, in der westlichen hingegen ziemlich geläufig. Allerdings fällt auf, dass hier das französische und niederländische Haiku eher Ausnahmen bilden, was es erschwert, hier überhaupt geeignete Beispiele zu finden. Eine Nachwirkung der klassischen französischen Metrik? Im Niederländischen

---

[1]Wilpert, Gero von: Sachwörterbuch der Literatur, Stuttgart (Kröner) [7]1989. S. 236 f. ISBN 3-520-23107-7.

scheint nicht einmal eine Bezeichnung für das Enjambement zu existieren.

Zur Anwendung dieser Technik ist zunächst mit Nachdruck darauf hinzuweisen, dass sie auf keinen Fall missbraucht werden sollte, um allein der Silbenschablone 5-7-5 gerecht zu werden. Diese Gefahr besteht vor allem bei den ersten Berührungen mit dem neuen, fremdländischen Genre, weil man gerade dann allzu bereitwillig allein schon seine traditionell fest gefügte Form als Maßstab, Hauptkennzeichen und Absicherungsgarantie ansehen möchte. In sich zerhackte Satzteile, wie eine unmotivierte Trennung des Artikels von seinem Substantiv, sind der Tod jedes dichterischen Anspruchs. „Nicht eine willkürliche Verteilung von Silben, sondern eine sinnvolle, rhythmische Struktur verleiht erst dem Haiku seine poetischen Qualitäten."[2] Hierzu ein beredtes, letztlich aber noch moderates Beispiel solch missverstandener Formtreue, höchstwahrscheinlich interessanterweise gerade in dieser seiner englischen Version vom japanischen Autor selbst verfasst:

Hydrangeas bloom in	Hortensien blühen am
the morning and evening –	Morgen und am Abend –
the temple of Kai[3]	der Tempel von Kai
Kazuo Sato[4] (JP)	

Allen in das Silbenkorsett gepressten Texten geht per se die so wichtige Leichtigkeit (*karumi*) des ungespreizten, natürlichen Ausdrucks[5] ab.

Die Grundfunktion des Enjambements beim Haiku ist die Rhythmisierung in seine drei formalen Einheiten. Diese wiederum steht im Dienste des Grundkonzepts der Asymmetrie und wirkt insofern einem bloß prosamäßi-

---

[2]de Beir, Diederik: Haikoe in Vlaanderen in Waakvlam (Zündflamme) – 25 jaar Haikoe-centrum Vlaanderen (1976–2001), Hs. Ferre Denis, Clara Haesaert, Karel Hellemans, Drukkerij Sintjoris NV 2001, S. 165, ISBN 75714-15-7

[3]Der Kai-Tempel, eigentlich Kai-Zenkō-ji, aus dem 16. Jh. befindet sich in Kōfu, einer Großstadt etwa zwischen Tokio und Nagoya gelegen.

[4]Kasuo Sato war unter anderem der ehemalige Direktor der internationalen Abteilung des Museums für Haiku-Literatur in Tokio.

[5]Vgl. Haiku-Grundbaustein XXXIX: Poetisierung.

gen Herunterlesen des Textes entgegen.[6] In diesem Grundbaustein geht es allerdings prinzipiell um mehr, nämlich um spezielle Effekte, die durch den vordergründigen Formbruch gerade die inhaltliche Aussage unterstützen. Dies mögen sogleich die nur selten anzutreffenden japanischen Beispiele veranschaulichen:

Maku majiki
sumai o ne-mono-
gatari kana
    Yosa Buson (JP)

»… Hätt' nicht verlieren dürfen!«
klagt der Sumō-Ringer beim Bett-
geflüster …

Dazu der Kommentar der Übersetzer Eduard Klopfenstein und Masami Ono-Feller: „Das lange Wort *ne-monogatari* (wörtlich: Schlaf-Erzählung) und das zusätzliche Gestaltungselement, dass das Wort über die Versgrenze hinweg gebrochen erscheint, weist ironisch auf das langfädige, unreife Klagen des Schwerenöters hin."[7]

kogarashi no
fuki-yuku ushiro-
sugata kana
    Hattori Ransetsu (JP)

Der kalte Sturmwind
bläst dahin, hinter der ent-
schwindenden Gestalt!

Hier liefert uns eine genauere Worterläuterung seitens des Übersetzers Ekkehard May den entscheidenden Interpretationshinweis: „Ungewöhnlich ist vor allem die Verteilung des Wortes *ushiro-sugata* („Rückansicht") auf die 2. und 3. Zeile."[8] Durch die besonders inszenierte „Rückansicht" bekommt die betreffende Gestalt sozusagen einen umso größeren Schub.

[6]Vgl. Haiku-Grundbaustein XXXVII: Satzform.
[7]Klopfenstein, Eduard/Ono-Feller, Masami (Hrsg.): Haiku – Gedichte aus fünf Jahrhunderten – Japanisch/Deutsch, Stuttgart (Reclam). S. 135. ISBN 978-3-150111-16-1.
[8]May, Ekkehard: Shōmon I – Das Tor der Klause zur Bananenstaude. Dieterich'sche Verlagsbuchhandlung), Mainz. ²2005. S. 158. ISBN 3-87162-050-5.

Sazanka ya
ikusa ni yabure-
taru kuni no
    Hino Sôjô (JP)

Sazanka-Blüten …
eines im Krieg geschla-
genen Landes

In diesem Fall sehen die Übersetzer Eduard Klopfenstein und Masami Ono-Feller einen unmittelbaren inhaltlichen Bezug zur Gegenwart, in der das Haiku entstand: „Am 11. November 1945 trat Hino Sōjō erstmals wieder bei einem Haiku-Treffen mit Freunden auf, nachdem er während des Kriegs unter politischem Druck jahrelang geschwiegen hatte. Spontan verfasste er dieses Haiku, als er beim Spaziergang im Garten die blühende Sazanka-Kamelie erblickte. Kamelien blühen im Winter, sie geben der kalten Jahreszeit Farbe und Leben. Vers 1 zitiert formelhaft eine lange Haiku-Tradition. Die Verse 2 und 3 setzen die Gegenwart in Kontrast dazu, wobei die ungewöhnliche Brechung der Verbform *yabure-taru* wohl bewusst den Zustand des Landes sinnfällig machen will. Dennoch, die Blüte im Winter verspricht einen Neuanfang."[9]

Und noch ein etwas anders gelagertes Beispiel von Yamaguchi Seishi (JP):

Yūyakete   nishi no jūman -okudo suku

In the afterglow,
ten trillion miles of heaven
penetrating through.[10]

In der Abendröte
zehn Trillionen Himmelsmeilen, die hin-
durchdringen

Wiederum hilft die nähere Erklärung zur Übersetzung ein wenig weiter: „*jūman-okudo* (wörtlich: „Land, das zehn Trillionen Meilen weit weg liegt") ist ein anderer Name für das „Reine Land/Paradies" im Amida-Buddhismus, traditionell, wie man sagt, im Westen (*nishi*) gelegen."[11] Durch die

---

[9] s. o. 7: S. 251.
[10] Übersetzung von Takashi Kodaira und Alfred H. Marks.
[11] Seishi, Yamaguchi: The Essence of Modern Haiku, Marietta, Georgia, USA, (Mangajin Inc.). S. 94. ISBN 0-9634335-0-4.

ungewöhnliche Lücke wird somit ein Leerraum geschaffen, der die quasi unermessliche Entfernung, die Abgehobenheit der anderen Welt optisch nachvollzieht. Hinzu kommt, dass das letzte Wort *suku* („transparent sein") als solches weggelassen, damit recht frei ausgelegt wird. Wäre nicht die wortgetreuere Übersetzung „ ... / ... Himmelsmeilen trans- / parent" angemessener? Die kulturhistorische Erläuterung von *jūman okudo* bleibt natürlich so oder so unabdingbar.

Welche Effekte können nun mithilfe der Technik des Enjambements – und das ist der entscheidende Punkt – im Einzelnen hervorgerufen werden? Zunächst erzeugt jedes bewusst eingeleitete Anhalten eine gewisse Spannung, führt zu einer Erwartungshaltung. Man fragt sich sogleich, was wohl jetzt kommt. Und so wird auf Dinge aufmerksam gemacht, die sonst unbedachter geblieben wären. Dazu zunächst einige eigene Beispiele:

> zwei Grünfinken auf-
> gesogen vom Rosa
> der Blüten des Kanzans

Hier wird das völlige Aufgesogenwerden der sogar deutlich andersfarbigen Vögel durch die überwältigende Blütenpracht der japanischen Nelkenkirsche sozusagen formal nachvollzogen.

Noch konkreter stellt sich die formal nachahmende Unterstützung der Situation im nächsten Fall dar:

> an langer Leine
> hechelnd bringt ein Hund sein Herr-
> chen um die Ecke

Und noch ein Beispiel mit völlig anderer Nutzung des Enjambements:

> bedächtig der Flug
> eines Reihers in meine
> Erinnerungen

19

Hier wird es nicht als vorantreibendes Element eingesetzt, sondern ganz im Gegenteil in retardierender Absicht. Schon das erste Wort gibt quasi das immanente Tempo der stillen Beobachtung vor. Danach wird einmal mithilfe der Assonanz eine innigere Verbindung der Wörter „Reiher" und „meine" geschaffen, zum anderen das letztlich wiederum überraschende, gänzlich integrierende Aufgehen des Vogels in der anderen, eigenen Welt vorbereitet.

Genauso gut kann auch die Erwartung mithilfe eines Enjambements fehlgeleitet werden:

der erste Sommertag
im März – die Eisdiele
zu

Ein Sommertag im März? Doch dann wird die rasch aufkeimende Hoffnung durch die Kürzestfassung der Schlusszeile sogar noch zu einer ausgesprochen bösen Überraschung.

Das Gras wogt
im Wind
Vogelgezwitscher
    Hartmut Fillhardt (DE)

Herbstmatsch.
Des toten Hundes offenes
Maul.
    Volker Friebel (DE)

Nach dem Urlaub
das Nest der Amsel
verlassen
    Renate Küppers (DE)

wieder zu Hause –
ich erzähle dem Goldfisch
vom Meer
    Eva Limbach (DE)

Weidende Rehe.
Der Nachhall
des Schusses
    Claudia Melchior (DE)

Auf der Autobahn
ein Schmetterling überholt
mich von rechts
    Brigitte ten Brink (DE)

Zijn dronkemansroes
uitgeslapen, kijkt hij rond
en vraagt een whisky.

    Paul Berkenman (BE)

Seinen Rausch
ausgeschlafen, blickt er umher
und fragt nach einem Whisky.

Koude bushalte,
plotseling verwarmd door vier
verliefde ogen.

    Annelies Krudde-Derijks (NL)

Kalte Bushaltestelle,
plötzlich erwärmt durch vier
verliebte Augen.

the brown retriever
abandoning dog smells for
the smell of sea

    David Cobb (GB)

der braune Retriever
gibt Hundegerüche auf für
den Geruch nach Meer

a scatter of green
as parrots screech through
loquat trees

    Angelee Deodhar (IN)

ein Verstreuen von Grün
während Papageien durch
Mispelbäume kreischen

loneliness …
the warmth of the
dying sun

    Madhuri Pillai (AU)

Einsamkeit …
die Wärme der
sterbenden Sonne

garage sale –
the flowered couch on which
I became a woman

    Carol Raisfeld (US)

privater Flohmarkt –
die geblümte Couch auf der
ich zur Frau wurde

reservoir sailing club
a day out on their
drinking water

    Dennis Stukenbroeker (GB)

Stauseesegelklub
ein Tag draußen auf ihrem
Trinkwasser

falling apple –
the branch swings into
a new balance

    Max Verhart (NL)

fallender Apfel
der Zweig schwingt in
ein neues Gleichgewicht

Un chat crevé qui
dépasse d'un sac à ordures
soir de canicule

    Patrick Blanche (FR)

Krepierte Katze die
aus einem Müllsack ragt
heißer Sommerabend

photo de jeunesse
tout ce qu'il ne sait pas
d'elle

    Jacques Quach (FR)

Jugendfoto
alles was er nicht weiß
von ihr

snow disappearing
in the sea disappearing
in the snow[12]

    Helga Härle (DE / SE)

Schnee, der verschwindet
in der See, die verschwindet
im Schnee

Lying
on the grass. An unmown
sky.[13]

    Dubravko Ivančan (HR)

Liegend
auf dem Gras. Ein ungemähter
Himmel.

Passing by
a lady – around the corner
a zone of fragrance[14]

    Josip Jakov Planinić (HR)

Beim Vorbeigehen an
einer Dame – um die Ecke
eine Duftzone

---

[12]Übersetzung von der Autorin
[13]Übersetzung von Đurđa Vukelić Rožić
[14]Übersetzung von Đurđa Vukelić Rožić

22

Eleonore Nickolay

Die Französische Ecke

Wenn eine Haiku-Zeitschrift die Jahreszeiten zum Thema wählt, dann geht es unweigerlich um die Jahreszeiten-Wörter (*kigo*). So leitet Jean Antonini, Chefredakteur von GONG, der Vierteljahreszeitschrift der Frankofonen Haiku-Gesellschaft, die 67. Ausgabe mit einem Abriss der Geschichte des *kigo* ein. Jahreszeitenwörter tauchten in den japanischen Kettendichtungen schon im 16. Jahrhundert auf und wurden bereits ab dem 17. Jahrhundert nachweislich aufgelistet.

1636 veröffentlichte der Dichter Ripo die Sammlung „Hanabigusa" mit 590 Begriffen, die sich auf die Jahreszeiten beziehen, und 1645 die Sammlung „Kefukigusa" mit 950 Jahreszeiten-Wörtern. 1648 sind es in der Sammlung „Yama no i" von Kitamura Kigin (dem Lehrmeister des jungen Bashō) schon 1.300 Begriffe und 1676 in der Sammlung „Ruisenshu" 2.000.

Schon in dieser Zeit wird der Komplexität mancher jahreszeitlicher Begriffe Rechnung getragen. Jean Antonini zitiert als anschauliches Beispiel die verschiedenen Arten von Regen, wie sie in Japan zeitlich nach dem Mondkalender (Jahresbeginn 1. Februar bis 1873) aufeinanderfolgten:

„Der scheinbar nicht enden wollende Frühlingsregen" bezieht sich auf den dritten Mond, kann aber auch schon am Ende des zweiten Mondes angewendet werden.

„Der Regen des fünften Mondes" ist ein Regen ohne jegliche Aufheiterung.

„Der Regenschauer am Abend" bezieht sich auf den sechsten und siebten Mond.

„Der Tau und kalte Regenschauer" betrifft den neunten Mond.

Am zehnten Mond herrschen „kalte Regenschauer, denen Schnee- und Graupelschauer folgen".

„Plötzlicher Regen, Platzregen" verweist auf den dritten, vierten, siebten und achten Mond.

An dieser Aufzählung wird auch sehr schön deutlich, wie landesspezifisch Jahreszeiten-Wörter sein können, eine Tatsache, die es Jahrhunderte später nach dem Einzug des Haiku in Europa und anderen Erdteilen ganz besonders zu reflektieren galt. Die Internationalisierung des Haiku, und damit einhergehend die der Jahreszeiten-Wörter, wurde 1999 auf einem internationalen Symposium in Tokio debattiert. Der Anspruch war, der dichterischen Erfahrung in den verschiedenen Ländern der Erde gerecht zu werden und damit die Verbindung des Haiku zur Realität zu bewahren. So wurde beschlossen, die Jahreszeiten-Wörter mithilfe folgender Schlüssel-Kategorien zu erweitern: Geist, Körper, Nahrung, Familie, das menschliche Leben, Zeit, Himmel, Erde, Tiere, Pflanzen, Materialien, Religionen und Namen.

Im 21. Jahrhundert müssen sich viele Jahreszeiten-Wörter erneut auf den Prüfstand stellen lassen, gibt Jean Antonini zum Schluss seines Beitrags zu bedenken.

Wie menschengemachte Veränderungen in Umwelt und Weltklima, aber auch weltpolitische Konflikte und Kriege, sich auf den Gebrauch der *kigo* auswirken, wird von vier weiteren Autoren beleuchtet.

Alain Kervern zitiert ein Haiku ohne *kigo* von Takaba Sukyo aus dem Jahre 2009, als eine Gruppe von Haiku-Dichtern das Engagement für die Umwelt auf ihre Fahnen schrieb:

sur la terre
j'habite dans la moiteur
d'une planète malade

auf der Erde
ich lebe in der Feuchtigkeit
eines kranken Planeten

Die *kigo*-Sammlungen (*saijiki*)bleiben für diese umweltbewussten und kritischen Haiku-Dichter zwar nach wie vor dichterische Grundlage, aber sie geben gleichzeitig zu bedenken, dass der Graben zwischen vielen klassischen *kigo* und den neuen jahreszeitlichen Phänomenen immer tiefer wird.

Wenn das Wetter verrückt spielt, pflegt man im Französischen zu sagen: „Es gibt keine Jahreszeiten mehr". Roland Tixier zitiert aus seinem Buch „Die vier Jahreszeiten", und bei der Lektüre der abgedruckten Haiku wird die Erwartung schnell richtiggestellt. Um klassische Haiku-Natur-Gedichte handelt es sich nicht:

lentement à nouveau	der Frühling
vient à nous le printemps	langsam kommt er wieder
et ses effets secondaires	und seine Nebenerscheinungen
le printemps est là	der Frühling ist da
j'entends dire maintenant	höre ich jetzt sagen
que les oiseaux chantent	beim Schrei der Schwalben
j'avance en âge	ich werde älter
de plus en plus attentif	und immer aufmerksamer
aux cris d'hirondelles	beim Schrei der Schwalben

Ebenso bitter klingt es im Beitrag des elsässischen Haiku-Dichters Germain Rehlinger mit dem Titel „Die neuen Jahreszeiten". Er thematisiert die Waldbrände, die Australien einen Winter lang heimsuchten. Da geht mir bei der Lektüre die Frage durch den Kopf, ob womöglich das Wort „Waldbrand" bald ein neues *kigo* für den Winter in Australien wird oder gar das Wort „Koala". An die bizarren Bilder hilfloser Koalas erinnern wir uns jedenfalls sofort wieder, wenn wir Germain Rehlingers Haiku lesen:

Sur un vélo	Auf einem Fahrrad
un koala assoiffé	ein durstiger Koala
buvant à la gourde	trinkt aus einer Flasche

Das Thema schließt mit einem düsteren Kapitel aus der Haiku-Geschichte in Japan während des Zweiten Weltkrieges. Seegan Mabesonne erinnert an das Schicksal der Dichter, die in ihren Haiku den Krieg kritisierten, wie zum Beispiel Kiyoko Fujiki 1939 in folgendem Haiku ohne *kigo*:

Mort à la guerre,	Gefallen im Krieg,
Il est là, et il a toujours	Er ist da und hat immer noch
Ses trente-deux dents.	Seine 32 Zähne.

In jener Zeit machte sich jeder der Rebellion gegen die neue Militärmacht verdächtig, der Haiku ohne *kigo* schrieb, wie sie die traditionalistische Haiku-Schule „Kachōfūei" von Kyoshi Takahama vorschrieb.

Ab 1940 wurden dann systematisch „progressive" (*shinkō haijin*), gesellschaftskritische Dichter, die in ihren Haiku weder *kigo* einsetzten, noch das 5-7-5-Moren-Schema einhielten, über Jahre verfolgt. So wurden 44 Dichter zwischen Februar 1940 und Dezember 1943 Opfer von Polizei-Razzien. Dreizehn von ihnen erhielten Gefängnisstrafen, die meisten nach monatelangen Verhören und diversen Folterungen. Viele wurden gezwungen, fingierte Geständnisse zu schreiben und darin zu versprechen, auf jede literarische Tätigkeit in Zukunft zu verzichten.

Kehren wir mit einigen Haiku aus der Jury-Auswahl in die Gegenwart zurück, allerdings in eine Gegenwart, in der das Corona-Virus noch nicht von unserem Alltag Besitz ergriffen hatte. Der Einsendeschluss für die Haiku zum Thema „Frühling" war der 20. Februar. So konnte sich diese völlig neue Erfahrung, eine Jahreszeit mit Ausgangsbeschränkungen, Kontaktverboten oder gar in Quarantäne zu erleben, noch nicht in den Texten niederschlagen. Sie lesen sich fast mit ein bisschen Wehmut:

Prunus en fleurs
pour toujours la vieille voisine
a quitté son fauteuil

    Gérard Dumon

Pflaumenblüte
für immer hat die alte Nachbarin
ihren Sessel verlassen

étang au crépuscule
les têtards glissent
sur un nuage

    Joëlle Ginoux-Duvivier

Teich in der Dämmerung
die Kaulquappen gleiten
auf einer Wolke

Changement de saison
Entre le flocon et la goutte
Le ciel hésite

    Julie Gosselin

Jahreszeitenwechsel
Schneeflocke und Regentropfen
Der Himmel zögert

le printemps est là
deux hirondelles et moi
sous le même toit

    Sandra Houssoy

der Frühling ist da
zwei Schwalben und ich
unter demselben Dach

froissements de plumes
deux oisillons se disputent
un morceau de ciel

> Nadine Léon

Federrascheln
zwei Vogelküken streiten
um ein Stück Himmel

2020
une seule abeille
pour toutes ces fleurs

> Isabelle Nicol

2020
eine einzige Biene
für all die Blumen

Jürgen Gad

Die Wabi-Sabi-Ästhetik, Bashōs Haiku und das Wahre des Zen
Teil 1

Nachdem es in den vorangegangenen Essays um das Schöne und Gute der Wabi-Sabi-Ästhetik gegangen ist (Gad 2018, 2020), soll es in diesem Text um die Wahrheitsvorstellung des Zen-Buddhismus gehen und u. a. aufgezeigt werden, welche Bedeutung sie für die Haiku-Dichtkunst von Bashō hat.

Da es sich bei der Wabi-Sabi-Ästhetik im Wesentlichen um eine Ästhetik des Zen handelt, muss also diese spezielle buddhistische Schule näher behandelt werden.

Der Zen-Buddhismus ist, bevor er nach Japan gelangte, ursprünglich in China entstanden, als nach der dem Zen eigenen Überlieferung der Inder Bodhidharma (japanisch: Dharuma) den Buddhismus im 6. Jahrhundert nach China brachte. Ch'an bzw. auf Japanisch Zen bedeutet wörtlich übersetzt so viel wie Meditationsbuddhismus. Zen knüpft damit unmittelbar an die Erleuchtungserfahrung des historischen Buddhas Shakyamuni an, der den Buddhismus vor rund 2.500 Jahren begründete. Zen legt daher weniger Wert auf die religiösen Schriften (Sutras) und ihre philosophische Auslegung, wie andere buddhistische Schulen, sondern ist der Ansicht, dass der

Kern des Buddhismus die Erleuchtungserfahrung selbst ist und jeder Praktizierende des Zen nur durch diese spezielle Erfahrung das Zen wirklich erfassen kann. Als eigentlicher Begründer des Zen in China gilt Huineng (638–713). Nach ihm spaltete sich das Zen in mehrere Schulen auf, wobei die bedeutendsten die Nord- und Südschule waren. Das Zen wurde in Zen-Klöstern gelehrt, denen ein sogenannter Zen-Meister als Abt vorstand, der den Zen-Weg seinen Schülern sowohl praktisch als auch theoretisch vermittelte. Wesentlich für das Verständnis des Zen sind die sogenannten Kōan, die über die Dialoge zwischen den Zen-Schülern und ihren Meistern, meistens in Form einer Frage an den Zen-Meister über das Wesen des Zen und der sich daraus ergebenden Antwort, berichteten. Sie wurden systematisch gesammelt und aufgeschrieben und stellten Hilfsmittel dar, um die Schüler zur Erleuchtung zu führen, gleichzeitig waren sie dazu da, um festzustellen, wie weit der Schüler auf dem Zen-Weg bereits vorangekommen war.

Zen in Japan

Obwohl es in Japan bereits seit dem 7. Jahrhundert zu Berührungen mit dem Ch'an-Buddhismus kam, wurden die beiden Traditionslinien der Nord- und Südschule erst mit dem Beginn des japanischen Mittelalters zur Kamakura-Zeit (1185–1333) fortgesetzt. Als eigentlicher Begründer des Zen in Japan gilt der Mönch Eisai (1141–1215), er führte die Linie der Südschule fort, deren bedeutendster Vertreter in China Lin-chi (japanisch: Rinzai) war. Dōgen (1200–1253) hatte die Sōtō-Schule (Nordschule) in Japan begründet bzw. fortgesetzt und gilt gleichzeitig als einer der bedeutendsten japanischen Zen-Meister überhaupt.

Der Aufstieg des Zen in Japan ging einher mit einem Umschwung in den gesellschaftlichen Machtverhältnissen, als die Samurai die Macht vom Kaiserhof übernahmen und das Zen tatkräftig förderten. Der Zen-Buddhismus kann als kultureller Katalysator im japanischen Mittelalter gelten und führte zu einer Hochblüte, in der z. B. die Ashikaga Shōgune das kulturelle Leben prägten (Higashiyama-Kultur). Bis heute steht (auch gerade im westlichen Ausland) diese spezielle, durch das Zen geprägte Ästhetik geradezu für die typisch japanische Kunst. Aus der Vereinigung von Zen-Religion und Kunst gingen zahlreiche traditionelle Künste hervor, wie z. B. die Wabi-Teezeremonie, die Tuschmalerei (Sumi-e), aber auch die Kriegs-künste, wie Schwertfechten und Bogenschießen, oder in der Folgezeit die Haiku-Dichtkunst von Bashō. Will man eine Vorstellung entwickeln, was diese zum Teil sehr verschiedenen Künste gemeinsam haben, was also das Band ist, das diese Künste zusammenhält, ist ein rein intellektuell-philosophischer Zugang über die Begriffe der Zen- bzw. Wabi-Sabi-Ästhetik nicht zielführend, sondern man muss sich näher mit dem Zen auseinandersetzen. Denn bei dieser Ästhetik handelt es sich nicht um eine Ästhetik im westlichen Sinn, also um eine abstrakte philosophische Reflexi-on über das Thema. Tatsächlich war zur Zeit der Entstehung der traditio-nellen Künste der Begriff Ästhetik (im westlichen Sinn) schlicht unbekannt (bzw. nicht denkbar), sondern kam in Japan erst durch den Kontakt mit dem Westen nach der Meji-Restauration im 19. Jahrhundert zustande. In einem jüngst erschienenem Buch (Richie 2020) über das Thema schreibt einer der besten westlichen Kenner der traditionellen japanischen Ästhetik Folgendes: „Der traditionellen japanischen Ästhetik fehlt es noch immer an einer Definition. Es gab und es gibt zwar vielerlei Begrifflichkeiten in der japanischen Sprache …, die jedoch allesamt nur Eigenschaften und Be-standteile eines zwar angenommenen, aber namenlosen Ganzen bezeich-nen." Dieses „namenlose Ganze" ist das Thema der folgenden Zeilen und ist in der Wirklichkeits- bzw. Wahrheitsvorstellung des Zen-Buddhismus zu verorten.

Zen-Geist

Zunächst muss in diesem Zusammenhang unbedingt festgehalten werden, dass jeder, der über die Wahrheit des Zen schreibt, bzw. es mithilfe von Begriffen auszudrücken versucht, sich in einem unlösbaren Dilemma befindet. Um zu verstehen, warum dies so ist, sollte man Zen selbst zu Worte kommen lassen. Hierzu eigenen sich am besten die Aussagen von Zen-Meistern bzw. die Kōan, die entwickelt wurden, um das Zen-Verständnis zu fördern:

„Zen ist eine Überlieferung ganz eigener Art, unabhängig von Wort und Schriftzeichen", die Lehre wird nicht durch Worte weitergegeben, sondern unmittelbar vom Meister zum Schüler, „mit dem Herzen das Herz weitergeben". Zen dient dazu, „die eigene Natur zu schauen und Buddha werden".

Der Zen-Meister ist ein Mensch, der den Zen-Weg (Zen-Dō) bis zum Ende gegangen ist. Das heißt, er hat nicht nur die zen-buddhistische Erleuchtung erfahren, sondern hat in einem nächsten Schritt sein eigenes Leben mithilfe dieser Erleuchtung neu ausgerichtet und ist daher ein Mensch, der nicht nur über Zen redet, sondern es mit seiner ganzen Persönlichkeit vorlebt. Seine Aufgabe im Zen-Kloster ist es, mithilfe von geeigneten Mitteln, bei seinen Schülern die Erleuchtungserfahrung (japanisch Satori) herbeizuführen.

Im Rinzai-Zen (das ich hier im Wesentlichen zur Veranschaulichung anführen möchte) geschieht dies mithilfe von Meditation über spezielle Kōan. Ein Kōan ist eine Aussage, die nicht mithilfe des Intellekts gelöst werden kann (und sich, wie weiter oben bereits erwähnt, aus der Zen-Tradition in China herleiten lässt). Versucht der Schüler das Kōan mithilfe des Intellekts zu beantworten, dann wird er vom Zen-Meister fortgeschickt, um weiter über dieses Kōan zu meditieren. Hieraus ergab (und ergibt) sich für das Zen ein spezielles Problem, denn die historischen Kōan-Sammlungen enthalten oftmals auch intellektuelle Erläuterungen, wie diese Kōan zu verstehen sind. Wenn sie vom Schüler in Form eines abstrakten Gedankengangs einfach übernommen werden, kann es aber nicht zur zen-buddhistischen Satori-Erfahrung kommen, die gerade durch die abstrakte Begriffsbildung regelrecht verhindert wird. Dieses Problem ging daher so weit, dass es u. a. im chinesischen Zen zu einem Niedergang kam und der Zen-Meister Daie daraufhin im 12. Jahrhundert die Druckstöcke zu einer berühmten Kōan-Sammlung („Niederschrift von der smaragdenen Felswand, dem berühmten Hekiganroku) zerbrechen ließ. Wenn also im Folgenden einige Kōan zitiert werden und ihre intellektuelle Bedeutung dargestellt wird, um beim Leser eine gewisse Vorstellung über das Zen zu entwickeln, hat dies nichts mit Zen zu tun, sondern ist Philosophie über Zen.

Zen sagt ganz klar und unmissverständlich darüber Folgendes: „Das Zen, das sich sagen lässt, ist nicht das Zen."

Das heißt, es gibt keine Möglichkeit eines intellektuellen Zugangs zum Zen. Zen ist immer ein Ergebnis meditativer Übungen und der daraus erwachsenden Erfahrung.

Eine andere Zen-Aussage in diesem Zusammenhang ist etwa: „Wenn du den Buddha triffst, dann töte den Buddha."

Was ist das für eine merkwürdige, bzw. absurde Religion, in der der Adept dieser Religion aufgefordert wird, den Religionsstifter zu töten, wenn er ihn trifft?

Unter anderem in diesem Kōan bemerken wir die oft typisch paradoxe Formulierung der Zen-Aussagen. Der Grund für diese Vorliebe für paradoxe Formulierungen liegt in der nichtdualistischen Logik begründet, auf die das Zen gründet.

Eins der einfachsten denkbaren Kōan geht folgendermaßen: Der Zen-Meister hebt einen Stock hoch und sagt, wenn ihr dies einen Stock nennt, ist es eine Bejahung, wenn ihr es nicht einen Stock nennt, ist es eine Verneinung. Worum handelt es sich also bei diesem Stock? Das Kōan hebt darauf ab, die dualistische Weltsicht, die für das gewöhnliche illusionäre (unerleuchtete) Weltbild steht, zu überwinden.

Gewöhnlich wird diesbezüglich die Frage gestellt: „Was ist das Zen?" Es ist die Frage nach der philosophischen abstrakten Substanz, die hinter der bloßen Erscheinung (z. B. dem oben erwähnten Stock) vermutet wird. Die Antworten der Zenmeister können hierauf sehr verschieden ausfallen: z. B.: „Drei Pfund Flachs".

Noch ein letztes Kōan: Ein Schüler fragte den Zen-Meister Jōshū: „Welchen Sinn hat das Kommen des Patriarchen aus dem Westen?" (Mit dem Patriarchen ist Bodhidharma gemein, der das Zen von Indien nach China brachte): Die Antwort: „Der Eichbaum da im Garten." Im sogenannten Mumonkan (einer Sammlung von Kōan) verfasste Zen-Meister Mumon folgenden Kommentar zu diesem Kōan:

Worte enthalten nicht die Wirklichkeit.
Die Rede ist nicht dem Schüler angepasst.
An Worten haftend verliert man die Realität.
An Sätzen hängen führt zu Täuschung.

Was sollen also diese ganzen paradoxen Antworten beim Schüler bewirken?

Die Absicht, die hinter all diesen Aktivitäten steht, ist die Neigung des illusionären Alltagsbewusstseins zu verhindern, die Begriffe und Worte, die der Intellekt über die Wirklichkeit bildet, mit der Wirklichkeit selbst zu verwechseln. Zen sagt: Worte sind wie Finger, die auf den Mond zeigen, sie sind aber nicht der Mond! Zen-Meister Shibayama drückt es so aus: „Sobald eine Erfahrung erst einmal in einer begrifflichen Form ausgedrückt wird, nimmt sie eine eigene Objektivität an, die unabhängig von ihr behandelt werden kann. So entsteht die Gefahr eines Missverständnisses, das den Begriff an die Stelle der tatsächlichen Erfahrung setzt." Das Resultat aus dieser Vorstellung ist, dass wir, ohne dass es uns bewusst ist, zum Sklaven der Unterscheidung zwischen Ja und Nein, Subjekt und Objekt und zum Sklaven der verschiedenen Namen werden (Shibayama). Im Weltbild des Zen sind Begriffe und Namen lediglich die Schatten der Wirklichkeit, und mit ihrer Hilfe kann die Wirklichkeit nicht erkannt werden. Zen benutzt hier folgendes Bild: Worte und Begriffe sind wie ein Gemälde von Speisen, egal wie lange man es anschaut, es führt nicht zur Sättigung. Zen versucht durch die Kōan-Übung, dem Schüler systematisch alles abstrakte und damit intellektuelle Denken abzugewöhnen, um sein Bewusstsein für die Erfahrung der reinen Wirklichkeit (jenseits der Worte und Begriffe) reif zu machen. Zen wurde daher völlig zu Recht auch als Mörder der Philosophie bezeichnet. Oftmals wird Zen im Westen mit Philosophie verwechselt, es ist aber das genaue Gegenteil von Philosophie, denn man kann es nicht oft genug wiederholen: „Das Zen, das sich sagen lässt, ist nicht das Zen." Oder anders ausgedrückt. „Wenn du den Buddha triffst, dann töte den Buddha." Denn der Buddha, den man treffen könnte, ist nur ein begrifflich-abstrakter Buddha, also ein Schatten der Wirklichkeit und mithin Philosophie über Zen. Philosophie über Zen bleibt aber immer, wie alle andere Philosophie auch, im Relativen stecken und damit Resultat eines Diskurses. Und so kann man den philosophischen Buddha wie jede andere intellektuelle Aussage behandeln, etwa indem man mit seiner Hilfe im Rahmen der Vermarktung fernöstlicher Weisheiten ein dreitägiges Erleuchtungsseminar anbietet (mit Geld-zurück-Garantie), oder eben sagen, dass es sich dabei um esoterischen Unsinn handelt. All diese Zen-Philosophie berührt aber nicht die eigentliche Satori-Erfahrung.

Wie wird nun dieser Zen-Geist praktisch mithilfe des Kōan geweckt? Die Kōan sind so formuliert, dass der Schüler sie mithilfe von Nachdenken nicht lösen kann. Jeden Tag muss der Zen-Schüler vor seinem Meister erscheinen und ihm das Resultat seiner Meditation über das Kōan mitteilen. Ist es ein Ergebnis, das mithilfe des Intellekts gewonnen wurde, so wird er wieder fortgeschickt. Etwa indem er auf die Frage, warum der Patriarch aus dem Westen kam, antwortet, um das Zen in China zu verbreiten. Mit der Zeit macht sich beim Schüler Verzweiflung breit, er wird systematisch in die Enge getrieben, weil das gestellte Kōan mithilfe des Intellekts einfach nicht zu lösen ist. Gleichzeitig wird durch die meditative Übung, die im Rinzai-Zen, ebenso wie im Sōtō-Zen, eine bewusste Konzentration auf den Atem-vorgang ist, der Bewusstseinszustand von Mu-shin kultiviert. Mu-shin, wörtlich Nicht-Geist, ist ein Bewusstseinszustand, der von allem Denken (und damit auch von allen Begrifflichkeiten) befreit ist. Der Geist geht völlig in der Atmung auf. Er ist sozusagen „leer", leer von allem intellektuellen Ballast. Dieser Bewusstseinszustand ist eine wesentliche Voraussetzung dafür, dass der Schüler Satori erfahren kann. Unterlässt nun der systema-tisch dorthin geführte Schüler das Nachdenken über das Kōan ganz und befindet sich völlig im Bewusstseinszustand von Mu-shin und ist der so geschulte Geist statt auf den Atem nun auf die ihn umgebende Wirklichkeit gerichtet, dann kann es passieren, dass, ohne dass es der Schüler absichtlich angestrebt hat, die Wirklichkeit in dieses „leere" Bewusstsein eindringt. Dies kann etwa durch ein konkretes Geräusch geschehen. Wollen wir, um den Vorgang anschaulich zu machen, annehmen, dass der Schüler über die Antwort des Zen-Meisters (der Eichbaum im Garten) auf die Frage nach dem Grund des Kommens des Patriarchen aus dem Westen meditiert. Er sieht dabei, wie ein Blatt von diesem Eichbaum abfällt und hört daraufhin, wie es mit einem Klickton auf dem Boden landet. Als unmittelbare Folge davon hat der Schüler mithilfe des Bewusstseinszustands von Mu-shin die Veränderung des eigenen Selbst bewusst gewahrt, die durch das Eindringen der wahrgenommenen Realität stattfindet, ohne sie, und das ist wesentlich, in irgendeiner Form intellektuell zu kommentieren. Sein eigenes Selbst gewahrt sich dabei nun im konkret Seienden. Er nimmt unmittelbar (am eigenen Leib) wahr, dass das eigene Selbst und das Nicht-Selbst (Eichbaum und Blatt) eine untrennbare Einheit im Hier und Jetzt bilden. Oder anders gesagt, das Kōan hat sich ohne alles intellektuelle Nachdenken und damit ohne alle willentliche Absicht, mit einem Schlag, gelöst. Dieses konkrete Gewahren des eigenen Selbst, in Relation zum je Wahrgenommenen, löst dann in Folge die Satori-Erfahrung aus. Der Zen-Meister Dōgen sagt es so:

Wer den Buddha-Weg beschreiten will, muss sich selbst erkennen.
Sich selbst erkennen heißt, sich selbst verlieren.
Sich selbst verlieren bedeutet, das Gewahren des eigenen Selbst in allem Seienden.

Die Satori-Erfahrung wird im Deutschen gewöhnlich mit Erleuchtung wiedergegeben, es gibt aber noch einen anderen Ausdruck hierfür: Erwachen. Der Mensch, der dies erfahren hat, ist aus der Vorstellung, die mit dem gewöhnlichen Alltagsbewusstsein einhergeht, dass das eigene Selbst in Opposition zum Nichtselbst (als das Andere) steht, erwacht.

Das lebendige Erleben von Satori wird deswegen auch als große Befreiung bezeichnet.

Befreiung wovon? Vom kleinen, substanziellen Ich, das sich des Intellekts bedient und als unausweichliche Folge davon der Subjekt-Objekt-Spaltung unterliegt, in ein größeres Ich, das sich in allem Seienden wiederfindet. Satori geht mit Glücksgefühlen einher, weil der Geist frei geworden ist und somit nirgendwo (intellektuell) anhaftet und nicht mehr dem Diktat des Intellekts unterliegt und als Folge davon sich selbst unbewusst zum Sklaven desselben degradiert. Das normale Alltagsbewusstsein, das an eine unveränderliche Substanz hinter den Erscheinungen glaubt, die man mithilfe von Denken erkennen könnte, wird im Buddhismus auch als Verblendung bezeichnet. Der verblendete Mensch glaubt, dass sein Selbst ebenfalls einen unveränderlichen Kern (Ich) enthält, und sieht als Folge davon die Welt um ihn herum als Ansammlung von Nicht-Selbst, d. h. Dingen an, die er sich nach Belieben einverleiben kann, um sein substanzielles Ich zu vergrößern. Ein anschauliches Beispiel für einen derart verblendeten Menschen ist der zeitgenössische Mensch der Konsumgesellschaft. Sein substanzielles Ich äußert sich in grenzenloser, nicht stillbarer Gier nach immer mehr, und da dieses Ich gleichzeitig verblendet ist, fehlt ihm die buddhistische Selbsterkenntnis, dass es sich bei dem Drang nach immer mehr nicht etwa um eine freie Willensentscheidung handelt (wie er glaubt), sondern dass er sich hiermit zum Sklaven seiner eigenen Begierden macht. Da das kleine substanzielle und wollende (und damit gierige) Ich durch Satori überwunden wurde, ist das Wahre des Zen gleichbedeutend mit dem Guten (siehe auch Gad 2020). Die Erkenntnis des wahren eigenen Selbst in Relation zum je Wahrgenommenen im Hier und Jetzt bewirkt auch das Erkennen des Schönen, so sagt Zen-Meister Sibayama: „Die ‚Schönheit' von Zen ist die innere Kraft, die Natur und Leben innerlich vereint." Das Wahre des Zen ist also untrennbar vom Guten und Schönen. Jeder Mensch, der Satori erfährt, kann die Wahrheit des Zen unmittelbar bezeugen. Im Gegensatz zu den Schriftreligionen braucht der Zen-Buddhist nicht an eine „numinose" Wahrheit im Jenseits zu glauben, sondern erfährt diese Wahrheit unmittelbar und ganz konkret im Hier und Jetzt. Das konkrete Erleben der Wahrheit des Zen in allem Seienden nennt man im Buddhismus u. a. „wunderbares Sein". Diesen Zustand hat u. a. Zen-Meister Dōgen auch poetisch umschrieben:

Im Frühling die Kirschblüten, im Sommer der Kuckuck.
Im Herbst der volle Mond, im Winter der Schnee, klar, kalt.

Auf dem Zen-Weg gibt es aber noch eine letzte Hürde, es gilt das durch Satori Erkannte ins alltägliche Leben zu überführen. Hierfür gibt es keinen vorgezeichneten Weg. Jeder muss ihn selbst finden. Nur wer diese letzte Stufe erklommen hat, kann sich als Zen-Meister bezeichnen. Ein Zen-Meister ist daher ein authentischer Mensch, bei ihm gibt es keinen Unterschied zwischen dem, was er sagt, und dem, was er tut. Oder um es mit einem Kōan zu sagen: Was ist das Zen? Es ist lebendig – und noch einmal: Es ist lebendig! Und weil es lebendig ist, ist es auch nicht mithilfe von Worten sagbar, denn die Worte würden, ohne dass man es verhindern könnte, das lebendige Erleben erstarren lassen und mithilfe der unausweichlichen Begriffsbildung das Subjekt in Opposition zum Objekt setzen, oder mit anderen Worten gesagt, dem Dualismus und Reduktionismus des Denkens unterwerfen. Dies gilt sogar dann, wenn ein Mensch, der selbst Satori erfahren hat, diese Erfahrung in Worte kleidet. Zen-Meister Dōgen sagt daher konsequent: „In der Erleuchtung wird die unaussprechliche Buddhanatur erfahren." Daher ist in der klassischen japanischen Ästhetik (bzw. Zen-Ästhetik) die gedankliche Verarbeitung des meditativ Erlebten nicht, wie im Westen, positiv konnotiert, sondern wird sogar als Beschmutzung des höchsten ästhetischen Ideals empfunden (Izutsu T. &T.). Es ist daher nur folgerichtig, dass es für die Zen-Ästhetik keine Definition geben kann und dass der Versuch, der Zen-Ästhetik mithilfe ihrer Begriffe habhaft zu werden, sie also in irgendeiner Weise „festzunageln", zum Scheitern verurteilt ist.

Claudia Brefeld

David Cobb

Da lag es. Es war ein wirklich kleines Päckchen – kaum, dass Platz war für die Adresse.
Ich packte es aus, langsam und zugleich ein wenig neugierig, obwohl ich wusste, was drin war. David hatte es mir schon per E-Mail angekündigt. Es war ein kleiner und doch irgendwie besonderer Stein, dem „ein Stein des Anstoßes" vorausging: ein Beitrag von David für SOMMERGRAS (SG 119) und der damit verbundene Briefwechsel.

Nun liegt dieser Stein (ein kleiner Kiesel mit feiner braun-grüner Maserung) auf einem Ginkgo-Blatt … und ab und an fällt mein Blick darauf, wenn ich am Schreibtisch sitze.

Aber nun möchte ich erst einmal David selbst zu Wort kommen lassen, der mit seiner eigenen Art seinen ersten Kontakt zu Deutschland wie folgt beschreibt:

Eine Skizze meiner frühen Kontakte mit Deutschland und seiner hervorragenden Sprache

Ich wurde 1926 geboren. Nach einer Nahtoderfahrung mit Keuchhusten, Masern und Colitis – meine Mutter schloss eine Versicherung ab, um meine voraussichtliche Beerdigung zu bezahlen – wuchs ich im Green Belt auf, der früher Nord-London umgab. Dort spielte ich bei schönem Wetter mit Gleichaltrigen Fußball und Kricket oder Billard und Tischtennis in der Halle. Oder wir streiften durch die Wälder und warfen Steine auf Bäume oder Teiche.

An lauen Abenden saß ich manchmal auf dem Fensterbrett eines offenen Vorderfensters, um unser neues Radio nach ausländischen Sendern für klassische Musik zu durchforsten. Ich versuchte, die von den Ansagern und Kommentatoren gesprochenen Sprachen zu identifizieren, und da wir auch ein billiges etymologisches Wörterbuch hatten, schrieb ich Wörter ab, die so ähnlich wie die von mir gesprochenen zu sein schienen.

Mit dreizehn Jahren musste ich an meiner Schule eine Spezialisierung auf geisteswissenschaftliche oder naturwissenschaftliche Fächer wählen und ich entschied mich dafür, eine zusätzliche Sprache zu lernen. Ohne besonderen Grund nahm ich Deutsch. Der Würfel war gefallen.

An einem heißen Sommertag, ich war siebzehn Jahre alt, saß ich im Schulsaal und beantwortete eine Frage zu Goethes Kindheit (oder war es Heines Harzreise?), während eine Vergeltungswaffe Eins (V1) über mich hinwegsirrte. Die Prüfungsaufsicht führte uns in die Schutzräume, die gesamte Deutsch-Englisch-Klasse, zwei Mädchen und mich: „Hebt eure Tintenfässer auf, kein Wort wird gesprochen, ich werde die Uhr anhalten und wieder starten, wenn wir draußen sind."

Ich habe die Prüfung gut bestanden, habe einem Bauern bei der Ernte geholfen, und dann war es Zeit, der Armee beizutreten. In meinen Einberufungspapieren stand, dass ich mich in Windsor melden sollte, aber nicht, um das dortige Märchenschloss zu bewachen. In den nächsten acht oder neun Monaten trainierte ich, ein Gewehr zu entsichern, ein Bren-Gewehr zu zerlegen und natürlich unanständige Lieder zu singen und zu fluchen. Einmal gab es einen Aushang am Schwarzen Brett. Armeesoldaten, die Deutsch sprachen, sollten sich melden, und ich vermutete, dass sie Dolmetscher werden sollten. Ich erstattete meinem Oberst Bericht, aber er lachte nur und sagte, ob ich nicht wüsste, dass ein Mann sich nur freiwillig für eine Einheit melden kann, die in der Hierarchie höher steht. Da ich bereits im Obersten Regiment der britischen Armee war, konnte ich nirgendwo anders hingehen!

Mit der Zeit wurde ich zuerst nach Goslar, dann nach Wolfenbüttel und dann nach Berlin abkommandiert. In der Kaserne von Kladow erhielt ich die Sinekure als Kontaktmann zwischen den Soldaten und der Zivilbevölkerung, der das Kochen und Schrubben übernahm.

Ich überlasse es dem Leser, die Ergebnisse dieses Einsatzes in einigen meiner Haibun zu erraten.

abgetragene Stiefel
der neue Welpe schaut sich
eine wieder angeklebte Sohle an

Und damit ist das wichtige Stichwort Haibun gefallen: Seine ersten Haibun schrieb David 1994. Es sollten noch viele folgen.

Aber der Reihe nach:

David wurde 1926 in Harrow geboren, sein Vater war Angestellter bei der Midland and Scottish Railway Company. Später zog die Familie in die Kleinstadt Berkhamsted. Nach dem Dienst in der Armee studierte er an der Bristol University englische Literatur sowie Germanistik (Sprache und Literatur). Sein Diplom, das ihn als Lehrer qualifizierte, machte er mit 29 Jahren. Die Arbeit als Pädagoge führte ihn u. a. zum Unesco Institute for Education in Hamburg, dann nach Thailand an das Asian Institute for Technology, später arbeitete er auch als Schulbuchautor.

Während eines Fluges las er in einem Magazin „Why not write haiku?" und mit der Landung in Anchorage entstand sein erstes Haiku. Das war am 07.07.1977. Wenn man bedenkt, dass die Sieben als Glückszahl weit verbreitet ist …

Als David dann nach zwölf Jahren zum ersten Mal die Idee hatte, eine Haiku-Sammlung zu publizieren, riet ihm sein Freund Bill Higginson, weitere zehn Jahre zu warten und dann nur die zehn besten zu veröffentlichen. Diesen Rat beherzigend, begann David, die ersten Bücher erst in den 90er Jahren zu publizieren – so z. B.:

- A Leap in the Light, Equinox Press – 1991
- Mounting Shadows, Equinox Press – 1992
- Jumping from Kiyomizu, Iron Press – 1996

Es folgte die erste Haibun-Veröffentlichung:
- The Spring Journey to the Saxon Shore, Equinox Press – 1997.

Ein Auszug dieses Haibun wurde beim International Haibun Contest 1996 ausgezeichnet. (Woodnotes Magazine, San Francisco)

Weitere Veröffentlichungen – um nur einige zu nennen:

- Business in Eden, Equinox Press – 2006
- Spitting Pips, Equinox Press – 2009
- Marching with Tulips, Alba Publishing – 2013
- Anchorage, Red Moon Press – 2014

Als Verfechter der Genres englisches Haiku und englisches Haibun hat David von beidem – wie er selbst von sich sagt – „in der Tat eine übermäßige Anzahl veröffentlicht", aber auch viele Essays, Artikel und Rezensionen geschrieben und an zahlreichen Workshops (davon drei, die unter der Schirmherrschaft der Frankfurter Haiku-Gruppe stattfanden), Seminaren, Lesungen sowie Haiku-Präsentationen in Schulen und Hochschulen teilgenommen.

David Cobb ist Gründungsmitglied der British Haiku Society (1990), gab die ersten Ausgaben von „Blithe Spirit" heraus und war von 1997 bis 2002 ihr Präsident. Heute lebt er in Shalford, Essex in England. Er ist bekannt als Innovator im Vertonen von Haiku, aber besonders in der Entwicklung von Haibun auf Englisch. Mit Ruth Franke war er sehr gut befreundet. Sie hat seine Dichtung mit Einfühlungsvermögen nachempfunden und treffend seine Werke ins Deutsche übersetzt: „Im Zeichen des Janus, Hub-Verlag, 2006." Im Gegenzug hat David Texte von Ruth Frankes Buch

„Schwerelos Gleiten – Slipping through water, Wiesenburg Verlag, 2010"
ins Englische übersetzt.

Und um nur einige Auszeichnungen und andere Ehrungen zu nennen:

– Erster Preis, Internationaler Haiku-Wettbewerb von Cardiff (1991)
– Dritter zweijährlich verliehener Sasakawa-Preis für Originalbeiträge im
  Bereich Haikai (2004)
– Ashiya Takahama Kyoshi Grand Prix Award (2006)
– drei Buchpreise der Haiku Society of America.

Nein, als graue Eminenz betrachtet sich er deshalb bis heute nicht! Eher
sieht er sich als ein teilweise informierter Japonist, der einige Inspirationen
aus dem künstlerischen Ethos eines exotischen Landes und Volkes zu
seinem einheimischen kulturellen Erbe hinzufügt und versucht, einige ihrer
Prinzipien und Praktiken einzubinden, ohne in Nachahmung abzugleiten.

Michael McClintock hat mal Folgendes zum Stil von David gesagt:

> „Sanfte, melancholische, nachdenkliche Aspekte machen seine Gedichte un-
> verwechselbar unter den zeitgenössischen englischsprachigen Haiku.
> Unter all den Haiku-Dichtern, die heute in Großbritannien leben, ist er einer
> der am wenigsten östlich geprägten und am unabhängigsten von japanischen
> Einflüssen."

old friends send me	alte Freunde schicken mir
letters they forget to sign	Briefe, die sie vergaßen zu unterschreiben
cold wind in the trees	kalter Wind in den Bäumen

army blankets –	Armeedecken –
traces of the warriors'	Spuren feuchter Träume
wet dreams	der Krieger

river and ridge	Fluss und Bergzug
the land I love	das Land, das ich liebe
folded	gefaltet
like a hand	wie eine Hand

Für David brachte es Nobuyuki Yuasa, einer der frühesten Übersetzer des
Bashō-Haibun-Meisterwerks, Oku-no-hosomichi, konkret auf den Punkt,

als dieser von der perfekten Übereinstimmung zwischen Poesie und Prosa als die einzig wesentliche Eigenschaft des Haibun sprach. Beide sollten ein organisches Ganzes bilden und mehr zusammen aussagen, als jeder für sich es vermag. Prosa und Poesie vermischen sich nicht nur, sondern verschmelzen dergestalt miteinander, dass sie sich gegenseitig erleuchten wie zwei Spiegel, die sich gegenüberstehen. Gleichzeitig sind gute Haiku im Haibun durchaus (schon fast) paradoxerweise in der Lage, auch für sich alleine zu stehen.

Haibun
Auf einem Friedhof am Epiphanienweg

An einem Spätsommertag in Berlin führt der Epiphanienweg zum Luisenfriedhof. Ich komme dich besuchen, Gefreiter Gabler. Zweiter Besuch. Nach mehr als 50 Jahren.

Alle Grabmale entlang dem Kiesweg stehen so, dass die schräg einfallende Morgensonne, die ein dichtes Schattenmuster entwirft, zu meiner Linken die leeren Rückseiten erreicht, während sie zu meiner Rechten ihre Inschriften erhellt.

Der Ort ist voller Blumen und deutscher Witwen. Die Witwen starren mich an, einige pflegen Gräber ihrer Lieben, ungefähr zu der Zeit geboren, in der du starbst. Fast-alter-Kamerad in des Feindes Armee, wenn ich dich so nennen darf, am letzten Kriegstag bogst du in die Straße ein, Zivilkleidung tragend, auf Befehl einer russischen Patrouille und außerhalb deines Hauses, schossen sie dir in den Kopf.

Und nun ist es meine Pflicht, dir Nachricht von deiner Witwe zu bringen; auch in Frieden ruhend, aber in der Ecke eines englischen Ackers.

Waren wir nicht alle drei ausgemachte Romantiker? Das Dreieck muss geschlossen werden.

Die Sonne ist heute sehr warm, und obwohl ich die Grabsteine Reihe für Reihe gehe, kann ich dich nirgends finden. Während ich dich frage: *Wo steckst du denn?* überlege ich, ob es in Ordnung ist, dich zu duzen. Wir sind uns nie richtig vorgestellt worden, sprachen nicht einmal miteinander. Ich stand nur neben ihr am Grab und hielt einen kleinen Spaten, der ein wenig verbogen war, während sie Blumen auf dich legte. An jenem Tag, auch im Sommer.

Ruhe, wir alle wünschten dir Ruhe, dachten an die ‚ewige Ruh‘. Aber nun, nach all den Jahren, als ich den Gärtner mit der Gießkanne in der Hand fragte, wo du verborgen sein könntest, schüttelt er den Kopf, rät mir – und ich weiß er will helfen – im Büro nachzufragen. Eine Parzelle für Gabler? Vielleicht seine Pacht … *Ruhe in Frieden* und nahe dabei ein Schild, *Nutzungsrecht abgelaufen.*

Grabsteinschatten
ein kahler Lichtfleck
wo einer fehlt

Ich kann das Büro jetzt nicht ertragen, gehe stattdessen zum Lietzenseepark, wo ‚die Öffentlichkeit gebeten wird, das Bedürfnis der Anwohner nach Ruhe zu respektieren‘. Eine türkische Familie breitet ein Picknick aus, eine Chinesin vollzieht die ruhigen Bewegungen des Tai-Chi, Trauerweiden berühren die Oberfläche des Sees.

Es ist noch immer schön. Damals hatten die Bombardements die Tulpen nicht aufhalten können, weißt du noch, *Liebchen?* ‚In Babylon sitzen und weinen‘ kommt mir in den Sinn, und in diesem Augenblick fällt ein leichter Regen.

unhörbar für mich
wie die Blätter
den Schauer empfinden

aus: Im Zeichen des Janus, Hub-Verlag, 2006. ISBN 1-903746-61-27

Carsten Kaven

Das Haiku im Anthropozän
1. Teil

1. Naturlyrik ohne Natur?

Das Haiku gewinnt sein Selbstverständnis als eine eigentümliche, weltweit gepflegte Form der Kurzlyrik unter anderem durch einen Bezug auf das, was man Natur nennt. Am deutlichsten wird dieser Sachverhalt in einer häufigen Gliederung von Anthologien nach der Folge von Jahreszeiten. Das Haiku stellt zwar keine Form der Naturlyrik in einem naiven Sinne dar[1], dennoch ist der Bezug auf konkret Gegebenes und auf Jahreszeiten konstitutiv. Seit seiner Entstehung in Japan vor einigen hundert Jahren ist die äußere Form des Gedichts gleich geblieben. Diese Kontinuität der Form kontrastiert mit einer Verbreitung in viele Länder der Welt und einem Eingang in zahlreiche nationale Literaturen im Laufe des 20. Jahrhunderts. In der anderen Richtung – im Zuge der Öffnung Japans Ende des 19./ Anfang des 20. Jahrhunderts – ergaben sich Berührungen mit westlichem Denken, was die Trennung eines traditionellen von einem freien Haiku in der japanischen Literatur beförderte.

Nun haben sich Vorstellungen dessen, was man unter „Natur" verstehen kann, schon immer gewandelt; auf eine radikale Weise geschieht dies gegenwärtig. Die Entwicklung der Erde seit ihrer Entstehung wird in geologische Epochen unterteilt. Menschliches Wirken war als Kriterium für die Einteilung dabei bisher unerheblich; Hominide existieren zwar seit Millionen von Jahren, sind aber nicht als geologische Kraft aufgetreten. Dies hat sich spätestens seit der Industriellen Revolution geändert. Seitdem sind die Wirkungen menschlichen Handelns auf Erdoberfläche und Atmosphäre derart umfangreich und dauerhaft geworden, dass mittlerweile von einer neuen geologischen Epoche die Rede ist: dem Anthropozän – der Menschenzeit.

---

[1] Auch wenn die Anfänge im deutschsprachigen Raum in diese Richtung weisen, vgl. Wittbrodt 2003.

Nimmt man dies als Prämisse an, stellt sich die Frage nach der Bedeutung für unser Verständnis von Natur. In welchem Sinne untergräbt das neue Zeitalter klassische Dichotomien wie Gesellschaft/Umwelt, Mensch/Natur oder Natur/Kultur? Derartige Unterscheidungen sind für staatlich verfasste, räumlich ausgedehnte Gesellschaften grundlegend; in ihnen konnte der Gedanke einer Spaltung zwischen einer Welt der Menschen und einer Welt der Pflanzen, Tiere und Steine entstehen. (Im Gegensatz zu indigenen Stammesgesellschaften, für die eine solche Trennung keinen Sinn ergibt.)

Auch wenn der Begriff des neuen Zeitalters seinen Ursprung in den Naturwissenschaften hat, ist die Diskussion doch weit darüber hinausgegangen. Die Veränderung der Position des Menschen gegenüber der Natur, schließlich der Natur und der menschlichen Natur selbst in ein Konglomerat von Hybriden und Artefakten, hat neben den Sozialwissenschaften auch in der Literatur ihren Widerhall gefunden. Es schließen sich damit Fragen an, die eine Brücke zur Literatur schlagen, zur Lyrik und auch zum Haiku: Wenn sich in der neu ausgerufenen Epoche des Anthropozän sowohl das verändert, was man als Natur bezeichnet, als auch unsere Vorstellung von ihr, welche Folgen hat dies für das Haiku, eine Dichtung mit einem ausgesprochenen Naturbezug? Auf welche Weise transformiert sich der Sinn zentraler Elemente dieser Gedichtform?

2. Traditionelle Merkmale des Haiku

Traditionelle Dichtung war in Japan keine Angelegenheit von Einzelgängern. Dichtung war vor allem eine Übung, die bei geselligen Anlässen gepflegt wurde. Eine prominente Form hierfür war das Kettengedicht, insbesondere das Renga. Diesem wurde eine Strophe vorangestellt, welche Thema und Ton vorgab. Aus dieser – häufig humoristischen – Auftakt-Strophe eines Kettengedichts löste sich das Haiku als eigenständiges Gedicht ab. Solcherart entwickelte es sich seit dem 17. Jahrhundert im Kontext geselligen Beisammenseins. Im Zuge der Übertragung ins Deutsche und in andere indoeuropäische Sprachen hat sich schließlich die Folge von 5-7-5 Silben als Strophen-Schema der äußeren Form etabliert.

Das Haiku, wie wir es heute in seiner formalen und inhaltlichen Ausrichtung kennen, geht im Wesentlichen auf Matsuo Bashō (1644–1694) zurück. Bashō verbrachte als junger Mann einige Jahre in einem buddhistischen Kloster, in dem er mit dem Zen vertraut wurde. In seinem folgenden Dichterleben versuchte er, zentrale Gedanken des Zen im Haiku auszudrücken. Nach dessen Lehre ist Meditation Tätigsein, was auch Dichtung bedeuten kann. Erleuchtung wird nicht durch jahrelanges Studium und Reflexion erlangt, sondern ereilt den Suchenden in einem plötzlichen Moment. Ganz so versucht ein Haiku, einen einzigartigen, gegenwärtigen Moment in drei Zeilen zu bannen. Darüber hinaus gestaltet das Haiku nach Bashō einen meditativen Augenblick der Betrachtung, in dem das Ich, die Persönlichkeit des Dichtenden, zurücktritt. Ziel dieser Ablösung ist es, die Dinge selbst sichtbar werden zu lassen, den Dichter zu einem „Spiegel der Natur und ihrer Geschöpfe" zu machen (Ulenbrook 1998, S. 130). Ein Haiku gestaltet somit keine allgemeinen Reflexionen, persönlichen Zustände oder Befindlichkeiten, sondern einen gegenwärtigen Moment, ein jähes Erstaunen („bref étonnement"). Es war diese durch Matsuo Bashō angestoßene Verbindung zum Zen, die Etablierung des Haiku als Element einer buddhistischen Lebensführung, welche den Rang des Haiku erhöhte und es aus dem Feld der Unterhaltung in die hohe Literatur führte.

Gegenstand und Quelle für kontemplative Betrachtung sind die umgebende Welt: Pflanzen, Tiere, Jahreszeiten; vor allem im Prozess ihrer Veränderung. Natur begreift ein traditionelles Haiku dabei als stabilen Rahmen menschlicher Lebenswelt. Der Naturbezug wird insbesondere durch ein Jahreszeitenwort hergestellt, für das die japanische Sprache einen eigenen Ausdruck kennt: *kigo*. Daraus ist die Tradition von Haiku-Dichtern entstanden, ein eigenes Notizbuch mit einer je eigenen Sammlung solcher *kigo* zu pflegen. Das Konzept des *kigo* kann leicht als unmittelbar und gegenständlich verstanden werden – eine Sicht, die durch einen Großteil der Literatur zum Haiku gestützt wird. Jahreszeitenwörter weisen im japanischen Kontext jedoch nicht unbedingt auf etwas unmittelbar Gegebenes hin, sondern stellen vielmehr den Bezug zu einem kulturellen und semantischen Horizont – und zur dichterischen Tradition – her. Es ist dieser kulturell-semantische Horizont, der einem Jahreszeitenwort einen spezifischen Sinn verleiht und nicht eine unvermittelt erlebte Natur.

Den eigentümlichen Reiz eines Haiku macht schließlich nicht eine getreue Abbildung eines gegenwärtig erfahrenen Naturausschnitts aus, sondern ein Bedeutungsüberschuss, eine Spannung zwischen Gesagtem und vom Leser zu Erschließendem. In dieser Spannung bleibt es dem Leser überlassen, das Gedicht zu vollenden. Das Einzelne und Besondere, das im Gedicht erfasst wird, mag dann auf etwas Allgemeines verweisen; dieses ist aber durch den Leser selbst zu erschließen.

Trotz aller Konstanz in der Form ist das Haiku über die Jahrhunderte nicht gleich geblieben. Auf der einen Seite findet sich eine Strömung, welche die Gedichtform in ihrer klassischen, traditionellen Weise bewahren möchte. Auf der anderen Seite ringt man (in Japan seit seiner Öffnung und Industrialisierung) um einen formal und inhaltlich freieren Zugang. Die Gegenüberstellung eines traditionellen und eines freien Haiku kann jedoch auch in die Irre führen, wenn sie zu sehr vereinfacht. Traditionelles Haiku bedeutet nicht nur das Festhalten an semantischen Schubladen und Formelementen. Udo Wenzel hat in einem sehr kritischen Artikel darauf hingewiesen, dass Vertreter des traditionellen Haiku im Japan der ersten Hälfte des 20. Jahrhunderts sich in eine breite Strömung von Dichtung und Literatur einreihten, welche Faschismus und Ultranationalismus mitgetragen hat. (Wenzel 2008) Das, was hierzulande in Ratgebern, Anleitungen und Anthologien verbreitet wird, stellt vor diesem Hintergrund eine verklärende und geschichtsvergessene Sicht auf das dar, was Haiku als literarische Strömung in Japan tatsächlich bedeutet hat.

Durch diese wenigen Anmerkungen dazu, was (traditionelle, freie, naive) Haiku-Dichtung ausmacht, sollte klar werden, dass man es nicht lediglich mit einer Plattform für beliebige Inhalte zu tun hat. Haiku-Dichtung transportiert eine bestimmte Welt-Sicht, wie sie durch die Stellung des dichtenden Ich und den Bezug auf Gegenwärtig-Konkretes ausgedrückt ist. Dietrich Krusche weist darauf hin, dass die Welt des Haiku in der Tokugawa-Zeit, der Zeit Bashōs und der Blütezeit des traditionellen Haiku in Japan, eine stabile Welt gewesen ist, in der alles in der Gesellschaft und in der Natur seinen Platz hatte. (Krusche 1995, 120ff.)

Was bedeutet es für eine lyrische Form, wenn diese stabile Welt ins Wanken gerät? Auf welche Weise transformiert sich die Welt-Sicht einer lyrischen Form, wenn sie in einer neuen Epoche ihren Platz finden will? Seit der Herauslösung aus dem geselligen Kettengedicht, seit Bashōs kontemplativer Poetik im Anschluss an Zen hat das Haiku auf ganz unterschiedliche Weise auf historische und gesellschaftliche Veränderungen Bezug genommen. Eine solche Herausforderung stellt sich gegenwärtig erneut. Unter der Prämisse, dass traditionelles und freies Haiku einen Bezug zu Natur und konkret Gegebenem pflegen, unterläuft die Frage nach dem Sinn von „Natur" im Anthropozän diese Unterscheidung. Beide müssen eine Antwort finden.

Thomas Opfermann

Das Haiku ist tot!? Eine gattungsgeschichtliche Betrachtung des deutschen Haiku

Teil 2 – Der Versuch einer Haiku-Definition aus literaturwissenschaftlicher Sicht

Nachdem wir uns im ersten Teil mit der Entwicklung des deutschsprachigen Haiku beschäftigt haben, wollen wir in diesem zweiten Teil die literaturwissenschaftliche Seite betrachten. Es stellt sich die Frage, ob die Gattungstheorie in der Lage ist, uns eine eindeutige Definition des Haiku zu liefern.

Gattungstheorie

Beim Begriff der Gattung bzw. bei der Zuordnung eines Textes zu einer bestimmten Gattung handelt es sich um das älteste Problem der Literaturgeschichte.[1] Neben der Fülle verschiedener Auffassungen bzgl. der Existenz

---

[1] Vgl. Wolfgang Kayser: Das sprachliche Kunstwerk. Eine Einführung in die Literaturwissenschaft,

von Gattungen und der Zuordnung von Texten zu ebendiesen[2] ist es unausweichlich, Textgruppen zum Zweck der Kommunikation mit Namen zu versehen[3], d. h. Gattungen „fungieren als ‚institutionalisierte Organisationsformen literarischer Kommunikation‘ ".[4] Im Folgenden werden exemplarische Möglichkeiten, mit dem Gattungsproblem umzugehen[5], anhand des japanischen Haiku dargestellt.

Naturformen der Dichtung

Eine Möglichkeit der Textzuordnung ist „die traditionsreiche Gattungstrias der poetischen ‚Naturformen‘ Lyrik, Epik und Drama"[6], basierend auf „Goethes Formulierung von den einzig existierenden drei ‚Naturformen der Dichtung‘ ".[7] Das Haiku ist als eine Form des Kurzgedichts der Lyrik zuzuordnen.[8] Hinsichtlich der Klassifikationsebenen ist festzustellen, dass es „beliebig viele von vielstufig unterschiedenem Abstraktionsgrad"[9] gibt. Auf das Haiku übertragen können diese Abstraktionsgrade Silbenzahl oder die Verwendung eines Jahreszeitworts sein (das moderne Haiku weicht hier von der klassischen Form ab). Die Festschreibung der Gattungstrias als Naturformen ist insoweit problematisch, als dass dies „zur Marginalisierung oder gar zum Ausschluss von Gattungen führt, die nicht in dieses triadische Schema passen".[10] „Eine Grobeinteilung in drei […] Gattungen greift

---

S. 332.

[2] Vgl. ebd.

[3] Vgl. Benedetto Croce: Aesthetik als Wissenschaft des Ausdrucks und der allgemeinen Linguistik. Theorie und Geschichte. Seemann, Leipzig. 1905.

[4] Marion Gymnich: Gattung und Gattungshistoriografie. In: Handbuch Gattungstheorie. Hg. von Rüdiger Zymner. J.B. Metzler´sche Verlagsbuchhandlung und Carl Ernst Poeschel Verlag, Stuttgart. 2010. S. 131.

[5] Rüdiger Zymner: Zur Gattungstheorie des ‚Handbuches‘, zur Theorie der Gattungstheorie und zum Handbuch Gattungstheorie. Eine Einführung. In: Handbuch Gattungstheorie. Hg. von Rüdiger Zymner. J.B. Metzler´sche Verlagsbuchhandlung und Carl Ernst Poeschel Verlag, Stuttgart. 2010, S. 3.

[6] Harald Fricke: Norm und Abweichung. Eine Philosophie der Literatur. S. 113 f.

[7] Harald Fricke: Aspekte der literaturwissenschaftlichen Gattungsbestimmung. Methodische Aspekte. Definitionen von Gattungen. In: Handbuch Gattungstheorie. Hg. von Rüdiger Zymner. J.B. Metzler'sche Verlagsbuchhandlung und Carl Ernst Poeschel Verlag, Stuttgart. 2010, S. 10.

[8] Vgl. Witting: Haiku, S. 3.

[9] Fricke: Norm und Abweichung, S. 114.

[10] Gymnich: Gattung und Gattungshistoriografie, S. 141.

angesichts der Vielfalt der Gattungslandschaft unweigerlich zu kurz."[11] Als Beispiel sei das Haibun genannt, unter welchem Prosa im Haikai-Stil verstanden wird, d. h. Haikai werden im Prosatext eingestreut oder bilden den Abschluss.[12] Somit stellt das Haibun eine Mischform aus Lyrik und Epik dar.

Klassifizierung

„Mit einer Klassifizierung kann das Ziel verbunden sein, Gattungskategorien nur mit ähnlichen Texten zu füllen [...]."[13] Bis zum 19. Jahrhundert sind als Regeln von den Haiku-Dichtern neben der Begrenzung auf 17 Silben die Erwähnung eines Naturgegenstands und der Bezug auf ein einmaliges, gegenwärtiges Ereignis konsequent eingehalten worden.[14]

Texte sind aber „zu unterschiedlich, um aufgrund essenzieller Eigenschaften nachprüfbar klassifiziert zu werden".[15]

„Ab Shikis Zeit werden moderne, technische Elemente (wie Eisenbahn) immer häufiger einbezogen"[16], „Shiki-Schüler erneuerten [...] das [...] Haiku, [...], gaben die 5-7-5-Grundform ebenso auf wie das *kigo*[17] und wahrten nur den Haiku-Moment."[18] Unter der Voraussetzung, die Begriffsbildung Haiku auf Basis einer Familienähnlichkeit vorzunehmen, sind auch von 17 Silben abweichende Texte als Haiku zu klassifizieren, wenn die übrigen Charakteristika erfüllt sind.[19] Das gilt insbesondere, da auch die japanischen Haiku-Klassiker, u. a. auch Bashō, dieses 5-7-5-Grundmuster verlassen.[20]

---

[11] Ebd.

[12] Vgl. Deutsche Haiku-Gesellschaft: Grundbegriffe.

[13] Ralph Müller: Kategorisieren. In: Handbuch Gattungstheorie. Hg. von Rüdiger Zymner. J.B. Metzler'sche Verlagsbuchhandlung und Carl Ernst Poeschel Verlag, Stuttgart. 2010. S. 21.

[14] Vgl. Dietrich Krusche: Haiku. Japanische Gedichte. dtv, München. 1995. S. 114.

[15] Müller: Kategorisieren, S. 22.

[16] Thiem: Haiku-Anfänge und -Entwicklungen in Japan.

[17] kigo = Jahreszeitenwort, vgl. Klaus-Dieter Wirth: Der Ruf des Hototogisu. Grundbausteine des Haiku Teil 1. Allitera Verlag, München. 2019. S. 31.

[18] Thiem: Haiku-Anfänge und -Entwicklungen in Japan.

[19] Vgl. Müller: Kategorisieren, S. 21.

[20] Vgl. Thiem: Haiku-Anfänge und -Entwicklungen in Japan.

Begriff des Prototyps

Die Versuche, das Haiku einer Klassifizierung zu unterziehen, sind also nicht eindeutig. Vielmehr sind Haiku keine „diskrete Einheiten mit klar umrissenen Grenzen (starre und ‚trennscharfe‘ ‚Begriffsschubladen‘), sondern sie lassen sich eher als in ihren Grenzen ‚ausfransende‘ oder ‚verschwimmende‘ semantische Bündel betrachten, in deren Zentrum so etwas wie ein bestes Beispiel, ein Prototyp steht.“[21] Als solcher Prototyp kann das berühmteste Haiku gelten, Bashōs[22] „Der alte Teich. / Ein Frosch springt hinein – / das Geräusch des Wassers.“[23]

Durch die Beschreibung solch eines Prototypen „besteht auch die Möglichkeit, auf deutliche Abweichungen vom Prototypischen einzugehen. Allerdings sind einzelne Kategoriemerkmale ihrerseits kategorisierbar und somit prototypisch strukturiert.“[24] Abweichende Merkmale sind z. B. die Verletzung der 5-7-5-Regel oder der Verzicht auf ein Jahreszeitwort der im 20. Jahrhundert entstandenen Gendai-Haiku[25]. Dem Haiku einen eindeutigen Prototyp zuzuweisen, ist somit nicht möglich.

Lexikografische Bestimmung

Bei der lexikografischen Bestimmung des Haiku wird der Begriff Haiku nicht definiert, sondern expliziert. Das bedeutet, statt einer Begrenzung wird die gesamte Bedeutung des Wortes Haiku erfasst.[26] Es werden „notwendige, nicht aber hinreichende Bedingungen der Anwendung und des betroffenen Wortes genannt.“[27] Je nach Zeitraum werden andere charakteristische Merkmale berücksichtigt. Des Weiteren müssen zwar alle zugehörigen Texte

---

[21] Rüdiger Zymner: Biopoetische/Kognitionswissenschaftliche Gattungstheorie. In: Handbuch Gattungstheorie. Hg. von Rüdiger Zymner. J.B. Metzler'sche Verlagsbuchhandlung und Carl Ernst Poeschel Verlag, Stuttgart. 2010, S. 162.

[22] Vgl. Wirth: Der Ruf des Hototogisu. S. 18.

[23] Dietrich Krusche: Haiku. Bedingungen einer lyrischen Gattung. Stuttgart: Thienemann 1984, S. 48.

[24] Müller: Kategorisieren, S. 22.

[25] Vgl. Dietmar Tauchner: Gedanken zum Gendai-Haiku in deutscher Sprache. In: Lotosblüte. 2014. S. 38.

[26] Vgl. Werner Strube: Zur Klassifikation literarischer Werke. In: Gattungstheorie und Gattungsgeschichte. Ein Symposion. Hg. von Dieter Lamping und Dietrich Weber. Bergische Universität – Gesamthochschule Wuppertal, Wuppertal. 1990. S. 134.

[27] Ebd., S. 135.

wesentliche Merkmale gemeinsam haben, aber es handelt sich „um einen Begriff mit offener Struktur [...], also um einen Begriff, der erlaubt, neue literarische Werke – Werke mit neuen charakteristischen Merkmalen – [...]"[28] hinzuzufügen. Beispielhaft ist dies an folgendem Auszug einer Haiku-Explikation zu belegen:

> „Als übertragene Gattungsbezeichnung für deutsche [...], in aller Regel reimlose Kurzgedichte impliziert der Terminus Haiku weniger strikte Formbestimmungen, immer aber einen deutlich signalisierten Bezug auf das fernöstliche Vorbild."[29]

Als wesentliches Merkmal ist hier die Reimlosigkeit zu nennen, dennoch kann in Ausnahmefällen ein gereimtes Gedicht gemäß obiger Explikation ein Haiku sein.

Gattungsgeschichtliche Betrachtung

Die gattungsgeschichtliche Entwicklung lässt sich prinzipiell in drei Phasen einteilen: Gattungsformung, Gattungsfortbestand und Auflösungsphase.[30] Die Entwicklung des Haiku ist dabei an politische Geschichte und Kulturentwicklung gekoppelt.[31] Exemplarisch seien die folgenden Entwicklungsstufen des japanischen Haiku aufgezählt:

– Themenerweiterung um „die kleinen Freuden und Nöte des Alltags"[32]
– Autonomie des Haiku (Loslösung der überwiegenden Verwendung in Reisetagebüchern)[33]
– Jahrhundertwende zum 20. Jahrhundert markiert den Beginn des modernen Haiku[34].

---

28 Ebd.
29 Witting: Haiku, S. 4.
30 Vgl. Gymnich: Gattung und Gattungshistoriographie. S. 133.
31 Vgl. Thiem: Haiku-Anfänge und -Entwicklungen in Japan.
32 Ulenbrook: Nachwort. S. 295.
33 Vgl. Yūji Nawata: Wasser und Wolken ziehen wie immer dahin. In: Lob des Taifuns. Reisetagebücher in Haiku. Hg. von Durs Grünbein. Insel Verlag, Frankfurt am Main und Leipzig. 2008. S. 115.
34 Vgl. Jörg Quenzer: Die Geburtsstunde des modernen Haiku in Japan: Erste Anthologie zum modernen Haiku in deutscher Sprache erschienen. URL: https://www.hamburg.emb-japan.go.jp/downloads/jaeb/jaeb161.pdf [21.07.2019].

Dies deutet darauf hin, dass das Haiku als Gattung Überlebens- und Entwicklungschancen besitzt, da sich das Regelsystem als variabel und anpassungsfähig zeigt.[35]

Begriff der Institution

Die Entstehung von literarischen Gattungen lässt sich als Institutionalisierung auffassen[36], d. h. es kommt zu einer Konsensbildung, „inwieweit eine Gruppe oder Reihe von Texten [...] Antworten zu liefern vermag."[37] Unter diese Konsensbildung fallen die bereits erläuterten formalen und inhaltlichen Regeln.

Begriff der Textsorte

Ausgehend vom Haiku als Textsorte lässt sich ein Text als Haiku bezeichnen, „wenn er nicht nur sprachliche Ausdrucksphänomene, sondern auch semantische und pragmatische Grundzüge wie Motivik, Handlungsstruktur oder dominante Sprechsituationen"[38] aufweist. Unter diesem Blickwinkel lassen sich auch stark verkürzte Haiku der Textsorte Haiku zuordnen, solange die übrigen Grundzüge erhalten bleiben. Deutlich wird das z. B. an Gregor Graf, der zunächst in der klassischen 5-7-5-Silbenfolge gedichtet hat („Das Fenster offen, / schreibt er ihr von den zarten / rosa malven nur."[39]) und später seine Haiku ohne Verlust der Aussagekraft formal stark verkürzt hat („er schreibt ihr / von rosa / malven nur"[40]).

Und was ist nun ein Haiku?

Die Literaturwissenschaft – wie wir anhand der obigen Ausführungen erkennen – liefert uns keine eindeutige Aussage. Vielmehr liegt es also nun

---

[35] Vgl. Gymnich: Gattung und Gattungshistoriografie, S. 155.
[36] Vgl. ebd., S. 148.
[37] Ebd., S. 148.
[38] Harald Fricke: Invarianz und Variabilität von Gattungen. In: Handbuch Gattungstheorie. Hg. von Rüdiger Zymner. J.B. Metzler'sche Verlagsbuchhandlung und Carl Ernst Poeschel Verlag, Stuttgart. 2010. S. 20.
[39] Gregor Graf: Haiku im Abendwind. Poesie auf drei Zeilen. BoD-Books on Demand, Norderstedt. 2015. S. 28.
[40] Gregor Graf: nichts weiter. drei Zeilen nur. BoD-Books on Demand, Norderstedt. 2018. S. 53.

an uns Haiku-Schreibenden, das Haiku mit Leben zu füllen, dabei durchaus in gewohnten, aber auch neuen Bahnen zu denken … Beispiele für die Vielfalt der aktuell unter dem Begriff „Haiku" verfassten Texte haben Sie bereits im ersten Teil dieses Artikels kennengelernt. Darüber hinaus bietet unsere neue SOMMERGRAS-Rubrik **HaiQ** eine ideale Plattform, um Haiku einmal anders zu sehen …

Anmerkung:
Der Text entstammt in leicht modifizierter Form dem folgenden Buch des Verfassers: Das deutschsprachige Haiku – Eine gattungsspezifische Betrachtung, ISBN: 978 3-751900-33-1

Nachruf

Petra Klingl

Geh langsam, wenn du es eilig hast …

Nachruf auf Dieter Franke

Herrmann-Dietrich (Dieter) Franke
geb. 03.10.1932 – gest. 23.02.2020

Vor mir liegt die Traueranzeige. Ich lese noch einmal seine letzte WhatsApp an mich: „Geh langsam, wenn du es eilig hast. Diesen Spruch habe ich mir in letzter Zeit öfters sagen müssen …" Sein Herz und die Lunge machten ihm Sorgen …

Ich lernte Dieter kennen, nachdem ich im Jahr 2017 die Mitgliederbetreuung in der DHG übernahm. Dazu gehörte auch, dass ich das Buch „Schwerelos gleiten" von Ruth Franke, seiner Frau, an die neuen Mitglieder schickte. Er stellte das Buch kostenlos zur Verfügung. Bald flitzten E-Mails hin und her. Wir sprachen oft und lange am Telefon. Im letzten Jahr besuchte ich ihn schließlich in Emmendingen.

Ach, das waren fünf intensive Tage.

Seine Frau Ruth verstarb 2011, und er verehrte und vermisste sie sehr. In seinem Hause beließ er ihr Arbeitszimmer unberührt, so wie es am letzten Tag ihres Lebens war. Nachts füllte das warme Licht einer Salzlampe den Raum.

In den letzten fünf Jahren ihres Lebens konnte sie aufgrund ihrer Krankheit das Haus nicht mehr verlassen. Er half ihr beim Schreiben und bei der Korrespondenz. Es entstand das Buch „Schwerelos gleiten" – ein Gemeinschaftsprojekt.

In dieser Zeit entdeckte er Haiku und Haibun für sich. Diese Leidenschaft ließ ihn nicht mehr los.

Wir tauchten jeden Tag in die Haiku-Welt seiner Frau ein, die schon längst auch seine war. Wir stöberten in Büchern ihrer Bibliothek. Auf seinem Computer hatte er ein umfangreiches Archiv der Haiku und Haibun seiner Frau mit Entstehungsdatum, Ort und Veröffentlichungshinweisen angelegt – sehr beeindruckend! Ebenfalls bestaunten wir die Ikebana seiner Frau, die er akribisch in mehreren Alben verewigt hatte.

Mir eröffnete sich eine ganz neue Welt.

Aber auch das touristische Programm kam nicht zu kurz. Er chauffierte mich durch den Schwarzwald. Wir besuchten das Uhrenmuseum in Furtwangen, den Triberger Wasserfall, inspizierten die alten Schwarzwaldhäuser im Freilichtmuseum Vogtsbauernhof und spazierten durch die Altstadt von Freiburg. Er ließ mich an vielen Erinnerungen teilhaben, und seine Frau Ruth war immer mit dabei.

Wir weinten und lachten – unvergessliche Eindrücke.

Unvergesslich auch sein Mundharmonikaspiel. Viele Jahre spielte er in der Bigband „Black Forest Tiger". Ein Konzert, auf Videokassette gebannt, schauten wir uns an, und anschließend spielte er nur für mich ein kleines Konzert.

Mit Dieter traf ich einen herzensguten, bescheidenen Mann, und so viel könnte ich noch berichten.

Seine letzte WhatsApp endet: „Ich wünsche euch einen guten Start in den Februar." Und er machte sich auf, in jene andere Welt zu seiner Frau.

Ab und zu höre ich, wenn es ganz still ist, eine Mundharmonikamelodie und ich höre, er ist gut dort angekommen.

Danke, lieber Dieter, dass ich dich kennenlernen durfte.

In Gedenken an Dieter Franke druckt die SOMMERGRAS-Redaktion sein Haibun „Besuch" an dieser Stelle noch einmal ab. Es erschien erstmalig in SOMMERGRAS Nummer 122, im September 2018. Darin schildert Dieter den Gang zum Friedhof, auf dem seine geliebte Frau begraben liegt. Sie ist vielen von uns als Haiku-Dichterin Ruth Franke in guter Erinnerung.

Besuch

Der Friedhof liegt am Rande der Stadt auf einer Anhöhe und ist von zwei Seiten durch einen Wald begrenzt. Er freut sich, heute den ansteigenden Weg ohne einen Halt geschafft zu haben. Hier herrscht Ruhe.

Sommerhitze
still sitzt die Krähe
auf einem Ast

An seinem Ziel angekommen hält er inne. Er schließt die Augen und da sind sie wieder, die Bilder von ihr.
Der Schrei der Krähe holt ihn zurück.

Big Band
seine besonderen Töne
fehlen nun

In memoriam: Dieter Franke (1932–2020)

Haiga: Claudia Brefeld

HaiQ

Von Claudia Brefeld und Thomas Opfermann
(wir freuen uns auf Ihre Beiträge. Bitte an: haiq@haiku.de)

Nachdem wir Ihnen in der letzten Ausgabe unsere neue, experimentier-
freudige Rubrik angekündigt haben, möchten wir diese nun mit Leben oder
besser gesagt, Ihren ersten Beiträgen füllen.
Angelica Seithe sandte uns das folgende Haiku zu:

mich
ausfädeln bei dir. Aber
der Faden wird länger und länger

Was ist hier ungewöhnlich? Was hat Frau Seithe bewogen, ihr Haiku in
dieser Form zu präsentieren? Dazu Frau Seithe:

„Bewusst war mir zunächst nur die sinngemäße Taktung des Textes, bei
der sich zugleich ein zwingender Rhythmus ergab.
   Die Alleinstellung von „mich" in Zeile 1 entstand, weil es tatsächlich
und dringend um mich ging, um meine Rettung aus einem Beziehungs-
konflikt.
   Das „Aber" am Ende von Zeile 2 sollte den Umkippeffekt im Erle-
ben vorbereiten –, wodurch dann die Betonung dessen, was entgegen
meinem Bemühen trotzdem in mir geschah, mit Beginn der 3. Zeile
hervorgehoben werden konnte: der Faden (die emotionale Bindung)
verhinderte ein Sich-Ausfädeln. Seine Länge wuchs und wuchs.
   Dass dieser immer länger werdende Faden sich in der Zeilenlänge
widerspiegelt oder konkretisiert, das habe ich damals gar nicht bewusst
hergestellt –, es ist intuitiv eingeflossen. Diese Übereinstimmung von
Form und inhaltlicher Aussage ist mir tatsächlich erst nach Fertigstel-
lung dieses „Sekunden-Haiku" deutlich geworden –, was mich allerdings
in der Überzeugung bestärkt hat, dass dieses Haiku so und nicht anders
geschrieben werden musste."

Wie sehen Sie diesen Ansatz bezüglich der formalen Abweichung?

Und hier ein weiterer Beitrag von Traude Veran, der vielleicht zu Pro und Contra anregt:

Über dem Eingang zur Diskothek läuft ein Band mit einem Kurzgedicht, das alle paar Wochen wechselt. Wer bemerkt diesen Text? Wer denkt über ihn nach? Überhaupt: Was tut Lyrik an dieser Stelle? Bewirkt sie etwas? Hier mehr als anderswo?

Aus dem puren Anblick platzt ein Vers, ist da, vom ersten Augenblick an unumstößlich:

das word rinnt up
das wort rapped in
wrapped in worte
orte

Das ist vielleicht so etwas Ähnliches wie ein Haiku. Grenzverletzungen? Wegen der vier Zeilen, des Reims am Ende – darüber sind wir wohl schon hinaus. Es bleibt die Beweglichkeit der Laute, die das akustische Gemenge vor dem Eingang zur Disko vielleicht zu direkt wiedergibt.

Interessant, aber kein Haiku, lautete das Urteil der Experten.

Vielleicht ist dieses Kein-Haiku ein HaiQ.

Christof Blumentrath hat das Ein-Wort-Haiku „Tundra" (siehe auch SG 125, S. 23) in den Fokus gerückt und nachfolgend seinen Beitrag IMAGINE zur Diskussion gestellt:

„Tundra"
das nicht unumstrittene Ein-Wort-Haiku von Cor van den Heuvel (er positionierte das Wort „Tundra" zentral auf einer einfarbig weißen Fläche, 2012), hat mich vom ersten Moment an fasziniert. Man mag ausgedehnt darüber streiten, ob eine derartige Gestaltung die Bezeichnung „Haiku" verdient. Fest steht jedoch, dass dieses eine Wort, allein auf weißer Fläche, eine starke assoziative Wirkung erzielt. Man sieht sie vor

sich, diese unendliche Weite. Man sieht nichts und alles zugleich. Nicht-Gesagtes zuhauf, und doch alles da. Kann ein einziges Wort ein Haiku sein? Das ist derzeit auch bei uns in der DHG eine kontrovers diskutierte Frage.

Ich habe das Wort IMAGINE mit der Abbildung eines Kopfes einer Schaufensterpuppe = nicht denkend – kombiniert und somit dem alleinstehenden Wort eine zweite Ebene hinzugefügt. Hier ist die Vorstellungskraft bereits im Wort angelegt, und der Betrachter mag sich nun denken, was er will. Ich würde es im Übrigen auch gar nicht unbedingt „Ein-Wort-Haiku" nennen wollen, streng genommen ist es auch kein Foto-Haiku oder Haiga. Aber im Kopf des Betrachters wird sicherlich etwas in Gang gesetzt.

Ich freue mich auf anregende Beiträge zu dieser Kreation.

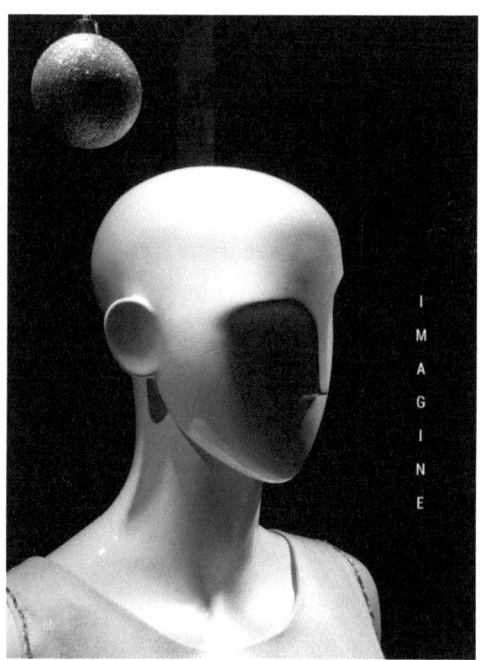

Einen anderen interessanten Ansatz haben wir von Gabriele Hartmann erhalten. Ihre Buchveröffentlichung „tango" enthält im zweiten Teil Wortspiele, in denen Teile der Worte durch Zahlen oder Symbole ersetzt wurden, einzelne Fragmente in Klammern stehen oder fett gedruckt wurden. Exemplarisch seien hier vier Beispiele aufgeführt:

ich will

~~dass~~ alles ~~bleibt~~

~~wie es ist~~

vers

tand

(es)mäßig

all1indern8er3stemichamglückzu2feln

geist**ERFAHRE**r

Es „finden sich Wortspiele", so Gabriele Hartmann, „in denen Teile der Wörter durch Zahlen oder Symbole ersetzt bzw. einzelne Wortfragmente in Klammer stehen oder fett gedruckt wurden, weil diesen Buchstabengruppen ein Sinn innewohnt, der in Zusammenhang mit dem ganzen Wort das Produkt auf eine neue Ebene hebt."

Durch die Nutzung der Möglichkeit der Druckaufbereitung könnte man diese Texte durchaus als Gendai-Haiku bezeichnen. Wie sehen Sie das? Macht eine solche 2. Ebene Sinn? Was soll Ihrer Meinung nach in einer solchen 2. Ebene dargestellt werden? Um den Faden weiter zu spinnen, was halten Sie von der Trennung in eine visuelle und akustische Ebene? Es ließen sich beispielsweise Geräusche durch die Hervorhebung von Buchstaben(gruppen) darstellen. So wären, wie im Haiku klassischerweise üblich, zwei unterschiedliche „Pole" berücksichtigt.

Aus: Mario Fitterer: EOS es ist rot ÜBERHOLT, Mafora Verlag, 2007 haben wir folgendes Haiku ausgesucht:

strandkörbe

strandkorb   sturmmöwe   strandkorb

strandkörbe

Kürze, Konkretheit, Offenheit sind gegeben – und doch entspricht es dem auf eine ganze andere Art, als wir es von einem Haiku eher gewohnt sind. Hier wird weniger die Situation einer Möwe „beschrieben"– vielmehr zeichnet es in Worten eine Skizze aufs Papier.

Geschickt zieht das Haiku die Leser*innen auf Augenhöhe der Möwe, denn sie kann aufgrund ihrer Größe nur je einen Strandkorb links und rechts sehen, die Strandkörbe daneben bleiben vor ihren Blicken verborgen! Vor und hinter sich schaut sie hingegen auf mehrere Strandkörbe – zwei geballte Reihen, wie es scheint. Schon optisch wird die Enge spürbar.

Und: „Sturmmöwe" – der Name ist Programm, da diese Möwenart bei Sturm den Drang hat, ins Binnenland zu flüchten …!

Es ist die Offenheit, in die sich die Leser*innen hineinbegeben müssen, um dann aus Sicht der Möwe den Strand für sich neu zu entdecken und die damit verbundene Enge … und vielleicht mit ihr abzuheben, um über die obere Strandkorbreihe hinaus dem „Ansturm" zu entfliehen. Dieser entscheidende Moment macht es zu einem besonderen Haiku. Und es wird den Anforderungen gerecht, die Mario Fitterer an ein Haiku gestellt hat: Es lässt, „dem japanischen Original entsprechend, leeren, wortfreien Raum, wo in der Balance von Reden und Schweigen Ungesagtes Unsagbares andeuten kann …".

Ein modernes, visuelles Haiku, das stark mit dem sich Hineinversetzen der Leser*innen spielt – und äußerst erfolgreich, wie wir meinen.

Die Regeln des Haiku aufbrechen und sie doch gleichzeitig gekonnt einsetzen, in diesem Haiku ist es par excellence umgesetzt! Ein Mosaiksteinchen in einem „Haiku-Universum ohne Grenzen" (Yasuko Nagashima).

Mario Fitterer (1937–2009) gehört sicherlich zu den Vordenkern unter den Haiku-Dichter*innen seiner Zeit.

Hier ein weiteres Haiku (Erstveröffentlichung: Website „VerSuch" – 01.02.2017), das ebenfalls durch seine besondere Schreibweise auffällt und unmittelbar anspricht. Mit freundlicher Genehmigung von Anke Holtz möchten wir es gerne zur Diskussion stellen.

Welche Ebenen öffnen sich Ihrer Meinung nach in diesem Haiku? Und wie geschickt sind sie miteinander verwoben?

mitblinkendemakku
wehwehwehpunktnetdoktorpunktdeeh
Anke Holtz

Wir sind auf Ihre Meinungen, Ideen und Gedanken gespannt! Weitere Beispiele, ob „aus der Schublade" oder frisch verfasst, wir freuen uns auf Ihre Anmerkungen und Beiträge!

Mutters Spiegel
mein Blick verliert sich
jenseits

Haiku: Claudia Brefeld, Foto: Paul Bernhard

Auswahlen

Die Haiku- und Tanka-Auswahl Juni 2020

Es wurden insgesamt 261 Haiku von 96 Autoren und 59 Tanka von 27 Autoren für diese Auswahl eingereicht. Einsendeschluss war der 15. April 2020. Diese Texte wurden vor Beginn der Auswahl von mir anonymisiert.

Jedes Mitglied der DHG hat die Möglichkeit, eine Einsendung zu benennen, die bei Nichtberücksichtigung durch die Jury auf unserer eigens dafür eingerichteten Mitgliederseite veröffentlicht werden soll.

Eingereicht werden können **nur bisher unveröffentlichte Texte** (gilt auch für Veröffentlichungen in Blogs, Foren, inklusive der Foren auf HALLO HAIKU, sozialen Medien und Werkstätten etc.).

Bitte keine Simultan-Einsendungen!

Bitte **alle** Haiku/Tanka **gesammelt in einem Vorgang** in das Online-Formular auf der DHG-Webseite HALLO HAIKU selbst eintragen:

https://haiku.de/haiku-und-tanka-auswahl-einreichen/

Ansonsten per Mail an:
auswahlen@deutschehaikugesellschaft.de

Der nächste Einsendeschluss für die Haiku-/Tanka-Auswahl ist der 15. Juli 2020.
Beachten Sie bitte folgende Änderung:

Jeder Teilnehmer kann bis zu **sechs** Texte – drei Haiku und **drei** Tanka – einreichen.

Mit der Einsendung gibt der Autor/die Autorin das Einverständnis für eine mögliche Veröffentlichung in der Agenda 2021 der DHG sowie auf http://www.zugetextet.com/sowie für eine mögliche Vorstellung auf der Website der Haiku International Association.

Haiku-Auswahl der HTA

Die Jury bestand aus Ruth Guggenmos-Walter, Erika Hannig und Taiki Haijin. Die Mitglieder der Auswahlgruppe reichten keine eigenen Texte ein.

Alle ausgewählten Texte – 52 Haiku – werden in alphabetischer Reihenfolge der Autorennamen veröffentlicht. Es werden max. zwei Haiku pro Autor aufgenommen.

„Ein Haiku, das mich besonders anspricht" – unter diesem Motto besteht für jedes Jurymitglied die Möglichkeit, bis zu drei Texte auszusuchen (noch anonymisiert), hier vorzustellen und zu kommentieren.

Da die Jury sich aus wechselnden Teilnehmern zusammensetzen soll, möchte ich an dieser Stelle ganz herzlich alle interessierten DHG-Mitglieder einladen, als Jurymitglied bei kommenden Auswahl-Runden mitzuwirken.

Eleonore Nickolay

Ein Haiku, das mich besonders anspricht

Trauerweide
Blätterspitzen im Wasser
wer streichelt wen
Annette Bernold

Die Trauerweide am fließenden Wasser: ein altes, fast nostalgisches Bild und immer wieder schön …

Und immer wieder nimmt es einen gefangen, wie die Äste das Wasser berühren und von ihm bewegt werden. Aber auch die Äste und Blattspitzen verändern die Wasseroberfläche, ihr Sich-Kräuseln, das Spiel darauf von Schatten und Licht …

Dieses Nicht-aufhören-Können zu schauen, dieses Wie-hypnotisiert-Sein – ob es das ist, was einen dann in so einen besonderen traumhaften Geistes- und Gemütszustand versetzt, dass man selbst beginnt, abzudriften, dass es plötzlich tatsächlich so erscheint, als würden die Blattspitzen und das Wasser sich streicheln?

Wo man für Augenblicke etwas für möglich hält …
Aber auf der anderen Seite, was wissen wir schon über die vielfältigen,
geheimen Beziehungen – selbst der Menschen?
Ein Haiku, von dem ich mich gern verzaubern lasse.
Ausgesucht und kommentiert von Ruth Guggenmos-Walter

neben der Pfütze
fügen zwei Kleine die Eisstücke
zur Pfütze
Bernadette Duncan

Die Pfütze – ein temporäres Kleinstgewässer.

Pfütze – ein Wort, das man kaum aussprechen kann, ohne lustig
zu spucken.

Manchmal hat man den Eindruck, auch Pfützen seien vom Aussterben
bedroht. Manche vermissen sie schon wie z. B. die Gelbbauchunke, und ich
denke, auch die Kinder.

Die Pfützen aber mit Eis sind kleine, vielfältige Kunstwerke mit einge-
frorenem Laub, Schlieren und Luftblasen. Und sie reizen jeden, auch
Erwachsene, draufzutreten, bis es kracht!

Im Haiku hier erscheint das Wort „Pfütze" gespiegelt. Es kommt in der
ersten und der dritten Zeile vor. Dazwischen – in der zweiten Zeile – sind
die handelnden Kinder.

Sie bauen … Sie fügen aus Eisstücken eine kleine Fläche wie ein Puzzle
zusammen

Aber für die Kinder ist es mehr. Für sie ist es eine „echte" Pfütze, die sie
da „gemacht" haben.

Spielend leicht können sie es sich vorstellen, aber nicht nur vorstellen:
Für sie ist es real.

So ist das Haiku für mich ein bisschen ein Symbol für die Zauber-Kraft
der Kinder.

Das zersplitterte, spiegelnde Eis wird ein neuer Spiegel. Und der neue
Spiegel ist nicht fiktiv, in ihm mag tatsächlich das Blau des Himmels zu

erkennen und zu lesen sein. Das Zertretene wird wieder zusammengesetzt, aber in einer anderen Form.

So steht meiner Meinung nach das Haiku für die (Zauber-)Kraft der Kinder und damit auch der jungen Generation, die vielleicht Pfützen schützt … und schätzt.

Ausgesucht und kommentiert von Ruth Guggenmos-Walter

Kirschblüte in Kyoto –
wir skypen
mit rosa Mundschutz.

Manfred Georg Karlinger

Mit Leichtigkeit schlägt dieses Haiku eine Brücke zwischen Tradition und aktuellem Heute.

Es verweilt einen Moment bei der Kirschblüte in Kyoto, um sich dann – nach einem Gedankenstrich – der Person zuzuwenden, die vor dem Computer sitzt und skypt. Die oder der Skypende fühlt sich mit der Kirschblüte und seinem Computer-Gegenüber verbunden.

Das verbindende Element dabei ist die Farbe Rosa.

Über die Ausgangssperre und vielleicht auch über Kontinente hinweg, „feiern" die beiden das Kirschblütenfest zusammen, indem sie die Farbe der Kirschblüte tragen.

Während die „Kirschblüte" und „rosa" auf den Frühling verweisen und die Verbundenheit der beiden optimistisch stimmt, deutet dann das letzte Wort im Haiku: „Mundschutz" – auf Corona hin, auch wenn sich der „Mundschutz" durch „rosa" fröhlich und unbekümmert zeigt.

So enthält das Haiku beides: die Freude und Zuversicht des Frühlings und die dunkle, versteckte Bedrohung durch das Virus.

Genau das ist für mich das Beeindruckende an diesem Haiku, wie hinter Rosa und scheinbarer Unbeschwertheit – nicht fassbares Schwarz aufschimmert …

Ausgesucht und kommentiert von Ruth Guggenmos-Walter

Wanderung im Nebel
nun ist das Moos
der blaue Himmel
Petra Klingl

Corona. Ein Thema, das in der diesmaligen Auswahl häufiges Thema der eingesandten Haiku war. Ist auch dieser Beitrag ein Corona-Haiku? Ich stelle mir die tatsächlich beschriebene Szene vor. Jemand wandert durch den Nebel – bei Moos denke ich unwillkürlich an Wald – und sieht den blauen Himmel nicht. Aber der Wanderer ist deswegen nicht enttäuscht und klagt, sondern wechselt seine Perspektive. Er nimmt mit dem vorlieb, was ihm bei eingeschränkter Sicht nun zur Verfügung steht und – so verstehe ich es – erfreut sich an dessen Anblick. Hierin kann ich eine Botschaft erkennen, die mir gut gefällt. Möglich wäre zwar auch, dass der Wanderer resignierend zu Kenntnis nimmt, dass er nur Moos bekommt, wo er sich nach blauem Himmel sehnt – ich aber kann mir ja bei aller Offenheit des Haiku die Deutung aussuchen, die mir besser gefällt.

Besonders reizvoll finde ich den Gegensatz zwischen oben und unten, Freiheit und Begrenztheit, Jenseits und Diesseits. Es drängt sich mir der „Wanderer über dem Nebelmeer" von Caspar David Friedrich auf. Dort sieht man einen Wanderer, der sich mühevoll über den ungreifbaren Nebel erhoben hat und in das Licht blickt. Der Wanderer im Haiku ist noch nicht soweit, er möchte vielleicht auch gar keinen Gipfel erklimmen, kann er doch bereits seiner Situation im Hier und Jetzt viel Positives abgewinnen.

Von hier aus ist es nicht mehr weit zur Gegenwart und zum Lockdown. Auch wenn das Haiku die Corona-Krise – anders als so viele andere Einsendungen – mit keinem Wort erwähnt, finde ich den Gedanken sehr aktuell: Auch wenn der Weg nicht klar erkennbar ist und gewohnte Freuden nicht verfügbar sind, so kann ein Perspektivwechsel den Blick auf andere Schönheit richten, die sonst übersehen worden wäre. Das kann dieser Tage das Zusammenrücken in der Familie, ein Buch, ein Gespräch oder eben wortwörtlich sogar Moos im Wald sein, den man außerhalb der Krisenzeit nicht besucht hätte. Und am Ende ist es tröstlich, dass sich der Nebel mal verziehen muss und wir dann wieder mit dem Wanderer in der Sonne stehen werden.

Insgesamt für mich ein klassisch anmutendes und sehr gelungenes Haiku, mit einer positiven aktuellen Botschaft.

Ausgesucht und kommentiert von Taiki Haijin

Soziales Netzwerk
auf der Fensterbank
das Ellbogenkissen
Markus Heep

Als ich dieses Haiku las, tauchte sofort ein Bild aus meiner Kindheit auf. Ich sehe meine Mutter, wie sie auf der Fensterbank lehnt, wartend auf ihre Kinder, die aus der Schule nach Hause kommen. Auch die Nachbarin wartet. Sie schwatzen miteinander, das Mittagessen ist fertig. Bei dieser Erinnerung spüre ich Geborgenheit, die ich damals empfand. Ich bin willkommen, sie lacht mir zu.

Heute in Zeiten von Corona ist manches wieder so. Die Menschen bleiben stehen, unterhalten sich, hören zu, haben ein Ohr füreinander. Der Austausch von Fenster zu Fenster, von Balkon zu Balkon, lebendig, menschennah, von Angesicht zu Angesicht.

Dieses Haiku vermittelt mir Geborgenheit, Zeit, Gelassenheit, miteinander reden ohne Hetze, da sein, zuhören, den anderen Menschen wahrnehmen. Es gibt gerade nichts Wichtigeres zu tun. Ein Straßenbild, das mir gut gefällt und das nur noch in Dörfern anzutreffen ist, wo es die Alten sind, die aus dem Fenster schauen.

Das digitale Netzwerk ist auch wichtig. Schnell hat man eine kleine Nachricht gesendet, ein Bild gepostet, sich etwas Nettes mitgeteilt.

Die Parallelen zwischen der heutigen Corona-Pandemie und meiner Kindheit haben mich angesprochen.

Ausgesucht und kommentiert von Erika Hannig

Die Auswahl

Kontaktsperre
nur der Frühlingswind
berührt mich
   Christa Beau

Baumarkt
die Stille als sie Schrauben
Nägel nennt
   Martin Berner

Katerfrühstück
die geküsste Dame
bleibt im Dunkel
   Christof Blumentrath

ihr Abschied am Abend …
vom Tag blieb noch Licht
   Horst-Oliver Buchholz

Diese Bö!
Die welken Buchenblätter fallen …
jetzt doch.
   Werner Buschmann

Dein Lächeln
Vielleicht mein nächstes
Waterloo
   Michael Deisenrieder

Abrisshaus
einsam dreht sich die Windmühle
am Balkon
   Hildegard Dohrendorf

der Meise
etwas von Mozart
erzählen
   Martin Berner

Hüpft hinter mir her
das goldige Rotkehlchen
beim Rasenmähen.
   Thomas Berger

gestrandet
über das Lager wälzt sich
der neue Tag
   Christof Blumentrath

der Himmel überm Meer …
als wäre das Leben
endlos
   Horst-Oliver Buchholz

Allein im Nachtzug
die Spur des Krimis beginnt
Fahrt aufzunehmen.
   Beate Conrad

diese Mücke
wie sie sich versteckt
im Summen des Kühlschranks
   Frank Dietrich

das leise Schimpfen
der Meise – ihr Häubchen sitzt
ein wenig schief
   Bernadette Duncan

neben der Pfütze
fügen zwei Kleine die Eisstücke
zur Pfütze

Bernadette Duncan

blicke
passieren wortlos
im park

Hans Egerer

Ostern
Die Mail vom Enkel
virenfrei

Hans-Jürgen Göhrung

Wochen danach
sucht er auf dem Kissen
ihr Lachen

Matthias Gysel

Hochzeitstag
deine lächelnden Augen
über der Maske

Gabriele Hartmann

Soziales Netzwerk
auf der Fensterbank
das Ellenbogenkissen

Markus Heep

sein Morgengruß
jetzt sehe ich auch
den blauen Himmel

Angelika Holweger

fensterplatz
kein gegenüber
mehr

Hans Egerer

Mitternachtssonne.
Ein leeres Boot, festgebunden
am Himmel.

Volker Friebel

Eisig ist's komm rein
du miin Minifliege
vorm Küchenfenster

Peter Gooß

ein fremdes Parfum
ich überprüfe den
Mindestabstand

Gabriele Hartmann

Lungenkrank
im Bergdorf zwei Alte
Hand in Hand

Birgit Heid

Abendlauf
mein Schatten mit
Traumfigur

Anke Holtz

Kirschblüte in Kyoto –
wir skypen
mit rosa Mundschutz.

Manfred Georg Karlinger

Wanderung im Nebel
nun ist das Moos
der blaue Himmel
    Petra Klingl

die Zikade
ausgehöhlt am Zweig –
Winterbeginn
    Gérard Krebs

Sterbestunde –
komm lass uns noch einmal
über den Schnee reden
    Eva Limbach

den Pinsel füllen
mit Leere
werde Bambus
    Ramona Linke

Ausgangssperre –
die Amsel sammelt
Kirschblüten.
    Johann Matye

Fotoalbum
die Umarmungen
aus dem letzten Jahr
    Eleonore Nickolay

nachrichten
wem hab ich letzte woche
die hand gegeben?
    Sonja Raab

Gang über den Friedhof
immer und immer wieder
der Schnürsenkel offen
    Petra Klingl

Walkürenritt –
der metallische Klang
ihrer Stilettos
    Klaus Kornexl

Tagundnachtgleiche
er küsst ihren schwangeren Bauch
    Ramona Linke

Stubenhockerei –
im Tümpel ein träger
Vollmond.
    Johann Matye

Abenddämmerung
die Trauerkarte
immer noch weiß
    Ruth Karoline Mieger

schluckauf
in gedanken gehe ich
die adressliste durch
    Sonja Raab

Leerlauf
aus der Infusionsflasche
tropft die Zeit
    Evelin Schmidt

frisch renoviert
die Spinne
zieht wieder ein
Evelin Schmidt

Nadelduft und Moos
Warm der Waldboden
Großmutters Hand
Sulamith Sommerfeld

überall im Haus
Spuren der Enkelkinder
Corona-Stille
Brigitte ten Brink

zu früh erblüht, ach –
in gefrorenem Tau
klirrt die Pfingstrose
Traude Veran

jeden Morgen
der zarte Weckruf
ihrer Hand
Friedrich Winzer

eisiger Frühling –
an der Wäscheleine
zwitschern die Klammern
Angelica Seithe

quarantäne des puzzles tausend teile
Helga Stania

Kleines Vogelkind
gelandet – das Trampolin
ohne Resonanz
Melitta Thomas

Einer Katze gleich
plage ich dich samtpfötig:
Zuwendung bitte!
Birgit Wendling

Zwischen Farbtuben
eine weiße Rose
ihr Duft noch im Raum
Gisela K. Wolf

Tanka-Auswahl der HTA

Ein Tanka, das mich besonders anspricht

Höhlenmalerei
wenn ich die Flugbahn
des Pfeils
zu Ende denke
stirbt der Bison
Frank Dietrich

Ob der Autor oder die Autorin ein Buch betrachtet und gelesen hat? Ob er oder sie eine Höhle besucht hat? Stand er oder sie in einer Höhlenkopie vor einer Kopie dieser Höhlenmalerei? Zugänglich sind die berühmten Original-Höhlen der Öffentlichkeit seit Jahren nicht mehr; Ausatmungsgase und andere Importartikel würden die Kunstwerke auf Dauer zerstören.

Die fünf Zeilen des Tanka werden benützt, um in Zeile eins das Thema zu setzen, in den Zeilen zwei bis vier eine Annahme zu formulieren, sowie in der Zeile fünf die Folge zu nennen. Es beginnt mit einem fliegenden Start in der ersten Zeile. Knapp folgt die Schilderung ‚wenn – dann'. Eine Schilderung wie ein Pfeilschuss, möchte ich sagen: Spannen in der ersten Zeile, Abschießen mit Zeilen zwei bis vier und Treffen mit der Zeile fünf.

Diese für mich verblüffend wirkende Übereinstimmung zwischen Inhalt und Form hat mich an zweiter Stelle angesprochen. Dass das Geschehen vom lyrischen Ich abhängt und dann erst noch von seinem Denken – dieser Kunstgriff, der mich sofort mitten in die Jagdszene der Urzeit versetzt, hat mich zuerst besonders angesprochen. Raffiniert scheint mir das Tanka verfasst zu sein: Dem Ich, seinem Denken, wird die Macht über Leben und Tod zugesprochen.

Ausgesucht und kommentiert von Peter Rudolf

Die Auswahl

Höhlenmalerei
wenn ich die Flugbahn
des Pfeils
zu Ende denke
stirbt ein Bison
Frank Dietrich

vielleicht möchtest du
ja noch ein wenig bleiben
jetzt wo der Schnee fällt –
wie man warme Socken strickt
werd ich sicher noch lernen
Eva Limbach

auch in diesem Jahr
versteck ich bunte Eier
für meine Enkel
als wär nur Ostern
und alles wär in Ordnung
Gabriele Hartmann

Osterspaziergang
Kinder und Eltern am See
mit Sonntagsbrötchen
Enten und Schwäne
schnattern durcheinander
Helga Schulz Blank

Sonderbeitrag von René Possél

René Possél hat aus allen anonymisierten Einsendungen ein Haiku ausgesucht, das ihn besonders anspricht.

Fotoalbum
die Umarmungen
aus dem letzten Jahr
Eleonore Nickolay

Viele Haiku wurden geschrieben über diese Zeit der Corona-Krise. Wenige haben mich überzeugt. Dies ist eines von ihnen. Ausgangspunkt ist hier das simple Anschauen eines Fotoalbums – ein erster Hinweis auf die unverhofft geschenkte Quarantäne-Zeit zu Hause?!

Wer weiß, was einem ansonsten bei solchem Anschauen auffällt ... Derzeit ist der Blick u. a. von der aktuellen Abstandsregel geschärft. Die Fotos aus der Vergangenheit zeigen Körperlichkeit. Im „letzten Jahr" gab es noch spontane Umarmungen bei Familienfesten oder freundschaftlichen Begegnungen. Das macht den Unterschied aus.

Es zeigt die veränderte Zeit in einem menschlichen Detail. Oft heißt es jetzt: Nach der Corona-Krise wird nichts mehr so sein wie vorher. Das deutet sich hier schon an. Wir begegnen uns jetzt anders – und wir werden uns in Zukunft mit dieser Erfahrung anders begegnen …

Das Ganze erinnert mich an Weisheitssprüche aus dem Buch Kohelet (Prediger) des Alten Testaments. Man kann sie (über ihre individuelle Bedeutung hinaus) als Hinweis auf das lesen, was jetzt kollektiv seine Zeit und Stunde hat:

> „Alles hat seine Stunde. Für jedes Geschehen unter dem Himmel gibt es
> eine bestimmte Zeit. […]
> Eine Zeit zum Umarmen und eine Zeit, die Umarmung zu lösen …"
> (Kohelet 3,1+5)

Mitgliederseite

Jedes Mitglied der DHG hat die Möglichkeit, eine Einsendung zu benennen, die bei Nichtberücksichtigung durch die Jury der Haiku- und Tanka-Auswahl auf dieser Mitgliederseite veröffentlicht werden soll.

tiefe sonne
mein gegenüber
ausgeblendet
Sylvia Bacher

Trauerweide
Blätterspitzen im Wasser
wer streichelt wen
Annette Bernold

wilde Akazien –
ihr Duft
summt nicht mehr
Gerd Börner

Weggabelung
hier standen wir einst
zu zweit
Horst-Oliver Buchholz

Anemonen, Gelbstern
und die Leberblümchen …
diese Farben und das Licht.
Werner Buschmann

Im Blütenschneebaum
Eine Vogelsinfonie
Zum Sonnenaufgang
Mait Buttgereit

das Holz ist rau, morsch
er streichelt seine Kindheit
sein Schaukelpferd
Verona Costache

Ausgangssperre
auf leeren Straßen ein Echo
zwischen den Häusern
Hildegard Dohrendorf

Er zeigt ihr sein Nest,
sie ist ihm zu Willen – ich
träume vom Fliegen.
Loretta Gaukel

Heimat
Die Exotik der Nähe
unerreichbar
Hans-Jürgen Göhrung

Hupfer vorm Fenster
Grasfrosch oder welkes Blatt
meine Nase läuft
Peter Gooß

Sommerausklang
wehmütig blättern
im Fotoalbum
Wolfgang Gründer

Alpenföhn
in seinen Augen taut
Schnee
Matthias Gysel

im Frühlingslicht
der Frosch vom letzten Jahr
mein Herz tut einen Sprung
Gabriele Hartmann

Konjunkturprogramm
Knoblauch
gegen die Nähe
Birgit Heid

Die alte Weide!
Stets sieht man sie im Frühling
Mit jungem Grün.
Petra Hodiamont

Selbstgespräche
im Auto
hört mich niemand
Angelika Holweger

staunende Augen
unter fröstelndem Himmel
der Mandelbaum blüht
Ute Kassebaum

Abendstill der Ort
Schattenflug der Fledermaus –
Feldereinsamkeit
Erich Meyer

im Spülsaum
wie er langsam verblasst
der Seestern
Claus Hansson

allerhand –
fehltritte und fittiche:
meine zeichnungen
Bernhard Haupeltshofer

Mummentanz
in Märkten Maskeraden
auf Abstand
Margareta Hihn

Wahlsonntag
am blauen Himmel
nur ein Kreuz
Gitta Hofrichter

sunder warumbe:
leben ist nichts als leben –
ostern
itazura

Nach dem Platzregen
Die Straße wird zum Flussbett
mit Lindenblütenschiffchen
Reinhard Lehmitz

Sternmiere am Weg –
Grenzen gesperrt im Jahre
zweitausendzwanzig
Masami Ono-Feller

mauser
wenn mein hund nur
federn verlieren würde
Sonja Raab

vermummt
den Blick nach unten gerichtet
schleiche ich zum Kiosk
Rita Rosen

in flasche steckend
geist post schiff auf großer fahrt
anrührend verkorkst
Annika Carmen Schmidt

Apfelblütenzeit
Weit geöffnet das Fenster
Trotz Kontaktverbot
Sulamith Sommerfeld

Augen weit auf
Gesicht tief im Loopschal,
Zukunft blieb stehen
Renate Straetling

Sonntagsgeläut.
Im Morgenlicht nicken
Osterglocken.
Angela Hilde Timm

welch ein schöner Tag
freute sich der kleine Frosch
– und auch der Reiher
Erika Uhlmann

Fuchsien blühen
Tief ins Rot gesenkt
Die Bürde des Sommers
Renate Maria Riehemann

europawahl
den kurs bestimmen –
ich mache ein kreuz
Theo Schmich

er ist zu sehen
in aller Vollkommenheit
so rein und so rund
Hildegund Sell

seine ersten spaghetti
der junge mit lockigem haar
Helga Stania

Jahre vergangen
Plötzlich – vertraut die Stimme
Corona-Geschenk
Melitta Thomas

nahe der Kapelle –
meine Gedanken kreisen
mit den Schwalben
Ingrid Töbermann

Aus dem Wolkenfell
schaut das Mondauge herab
Ich küss' dir die Stirn
Beate Waszner

Morgenpalaver –
erregte Diskussionen
bei den Flamingos.

Birgit Wendling

Felshangsicherung
ein Turmfalke rüttelt im
Lärm der Bohrungen

Klaus-Dieter Wirth

Bei allen Beiträgen (inklusive Haiga) bitte keine Simultaneinsendungen.

Die Auswahl der folgenden Texte ebenso wie alle in dieser Ausgabe abgedruckten Haiga erfolgte durch Horst-Oliver Buchholz, Ramona Linke, Eleonore Nickolay, Claudia Brefeld und Thomas Opfermann.

Bei eigenen Einreichungen enthalten sich die Redaktionsmitglieder ihrer Stimme, Diskussion und Wertung.

Gerne verstärken wir unsere Jury in jeder Ausgabe um eine wechselnde Gaststimme. Wir laden alle DHG-Mitglieder ein, sich hierzu bei der Redaktion unter redaktion@deutschehaikugesellschaft.de zu melden!

Haibun

Gabriele Hartmann

Fastenzeit 2020

An unserem Leben hat sich nicht wirklich viel geändert, haben wir doch keine Familie mehr, haben wir nur uns. Sicher, früher fuhren wir täglich zum Einkaufen in die nahe Kleinstadt. Sind die Fußgängerzone hinauf geschlendert bis zum Schloss, wo man in einer alten Telefonzelle Bücher tauschen kann. Gute Gespräche mit Gleichgesinnten: garantiert.

> Kopfstein-
> Pflaster … wir stolpern
> über *Die Pest*

Bald ist Ostern. In den Gassen der Altstadt haben die winzigen Läden seit Wochen geschlossen. Ihre Inhaber sehen wir neuerdings auf Supermarkt-Parkplätzen, aber nur noch einmal pro Woche und von Weitem.
Mit keinem plaudern wir mehr.

> lächelnde Augen
> eine der Masken
> bist du

Horst-Oliver Buchholz

Die Reisende

„Wem schreibst du da?" „Meiner Mutter." „Aber deine Mutter ist doch tot." „Ja. Und ich schreibe ihr."

> der Zug rollt an
> ziellos
> ihr Blick ins Weite

Helga Stania

damals

worte
wehen herüber
ein lächeln –
osterpaziergang

damals kehrten wir heim bei milder sonne zu selbst gebackenem und einer großen kanne kaffee. in meinem rücken tickte die uhr.

Kettedichtungen

Claus Hansson & Ilse Jacobson

Kinderlachen

Meeresbrise
unter unsern Schritten   IJ
knirscht die Zeit

auf der alten Veranda   CH
Märzsonne ein Duft von Holz   IJ

Rost an den Schaukelösen
noch einmal
das Kinderlachen   CH

Rengay

Sylvia Bacher, Claudia Brefeld und
Brigitte ten Brink

vom schatten ins licht
(Brücken/Frühling)

unter der brücke
ein obdachloser zählt
entenküken

darüber hinweg
die radfahrfamilie

pirouette
im neuen kleidchen –
das schiff applaudiert

vom schatten wieder ins licht
mit flatternden wimpeln

am brückengeländer
glänzen erste
liebesschlösser

die staffelei des malers
bereit – hyazinthenduft

BtB: 1, 4 / SB: 2, 5 / CB: 3, 6

Sylvia Bacher, Claudia Brefeld und
Brigitte ten Brink

rote ampel
(Straßen/Sommer)

sie dreht sich vor dem
schaufenster – anprobe der
sommerkleider

die ampel auf rot
das eis beginnt zu schmelzen

fingerschnipsen
ein cabriofahrer teilt
seine musik mit uns

gleißende sonne – kinder
spritzen mit wasserpistolen

bushaltestelle
zwei hunde balgen sich
um den schatten

im asphalt gespeichert
des tages hitze

SB: 1, 4 / CB: 2, 5 / BtB: 3, 6

Briefe an die Redaktion

Die SOMMERGRAS-Redaktion freut sich immer über Zuschriften, jedoch ist das Einreichen eines Briefes an die Redaktion keine Garantie für den Abdruck. Der Umfang sollte ein bis zwei SOMMERGRAS-Seiten (A5) nicht überschreiten. Die Redaktion behält sich Kürzungen/den Abdruck von Auszügen vor.

Weitere Stellungnahmen zum Haiku „Ja"

Von Birgit Heid

Es ist geradezu großartig, sich über ein so kleines Haiku(?) so intensiv auszutauschen, zumal man hierdurch eine ganze Reihe von Haiku-Kriterien durchgehen kann.

Die formalen Kriterien sind, denke ich, abgehakt. Petra Klingl schrieb seinerzeit im Rahmen eines Interviews, dass die formellen Vorgaben (3 Zeilen, 10 bis 17 Silben) „typisch" für ein Haiku seien. Das bedeutet nicht „zwingend erforderlich". Mir persönlich scheinen jedoch drei Dinge vernachlässigt zu sein: zwei Bilder, der allzu große Interpretationsspielraum und darüber hinaus die in meinen Augen mangelnde Poesie.

Das Fehlen eines zweiten Bildes ist nach meinem Dafürhalten ein deutlicher Mangel. Es sieht mir fast danach aus, dass sich die Autorin allzu wenige Gedanken über den Inhalt des Haiku gemacht hat.

Der riesige, geradezu unermessliche Interpretationsspielraum lässt das Haiku ins Beliebige gleiten. Ein Ja kann aus vollem Herzen, aber auch erzwungen sein. Es kann sich auf eine Beobachtung, eine Selbsterkenntnis oder Selbstüberschätzung, auf einen Opportunismus hinsichtlich des Grauens in der Welt oder gar auf eine Zustimmung desselben beziehen. Ich kann es auf jede erdenkliche Weise anwenden. Dann kann ich aber auch genauso gut beinahe jedes Nomen (Baum oder Meer wären wenigstens noch gegenständlich), ein Fragezeichen, ein Ausrufezeichen oder einen Punkt setzen und es als Haiku bezeichnen. Man könnte es bestenfalls so deuten, als sei man einfach mit allem in der Welt einverstanden. Zwischen

Opportunismus und Meditation. Aber es sind keine Sinneseindrücke, es ist nicht gegenwärtig und gegenständlich, und man hat beim Lesen keinen Anhaltspunkt. Dieser gigantische Spielraum hängt auch mit der mangelnden Poesie dieser zwei Buchstaben zusammen.

Ich sehe die Grenze zum Nicht-Haiku hier überschritten.

Von Ruth Karoline Mieger

zu SOMMERGRAS Dezember 2019 Nr. 127: Artikel „Haiku-Wettbewerb der DHG für die Haiku-Agenda 2020", darin zu P.S. „Eine merkwürdige Besonderheit …" und SOMMERGRAS März 2020 Nr. 128 Leserbrief von Gerhard A. Spiller und Antwort der Autorin Christiane Frederike Freimann zum „Haiku" Ja

Liebe SOMMERGRAS-Redaktion,

vorab bedanke ich mich für die Veröffentlichung der Briefe von Gerhard A. Spiller und Christiane Frederike Freimann, die geradezu herausfordern, das eigene Haiku-Verständnis zu reflektieren.

Auf die Wesensmerkmale und weitere Aspekte des Haiku will ich hier nicht eingehen. Diese wurden in Hunderten von Aufsätzen beschrieben. Außerdem werden sie in den 2019 erschienenen Büchern von Klaus-Dieter Wirth und Volker Friebel ausführlich behandelt.

Ich möchte einen weiteren Aspekt aufgreifen, nämlich das Lesen und „Verarbeiten" eines Haiku.

Auf mich wirken Haiku unterschiedlich: Ich bin betroffen von der Aussage, berührt von der Tiefe eines Textes, beeindruckt von dem Bild oder lache über den Humor. Ein Haiku kann mich in meine inneren Landschaften führen, mir neue Sichtweisen eröffnen oder mich nachdenklich stimmen.

Durch meine gedankliche und emotionale Beschäftigung mit dem Haiku bin ich auf irgendeine Weise mit der Autorin, dem Autor verbunden.

Ogiwara Seisensui hat das Haiku mit einem Halbkreis verglichen, der erst durch die aktive Mitarbeit des Lesers zum Kreis geschlossen und damit vollendet werden kann.

Auch wenn ich dieses „Ja" durch meine Erinnerungen bewege, in ein Meer von Assoziationen tauche, bleibt es lediglich ein Wort. „Ja", wird für mich nicht zum Haiku.

Ohne Resonanz finde ich als Leserin den Halbkreis nicht, den ich zum Kreis schließen kann. Wohl auch deshalb, weil sich „die halbe Welt zur Interpretation anbietet", aber nichts Konkretes, auf das ich antworten kann.

Zum Kommentar von Horst-Oliver Buchholz / Rubrik Weiterdichten

Von Ruth Wellbrock

In der letzten SOMMERGRAS-Ausgabe Nr. 128 lese ich im Kommentar von Horst-Oliver Buchholz u. a. „Gedankliche Erkenntnisse in einem Haiku sind zumindest heikel, denn ein Haiku ist seiner Natur nach nicht explicit belehrend. Hier aber ist der Gedanke poetisch geglückt, denn die Erkenntnis wird nicht ausgesprochen, sie vermittelt sich vielmehr ungesagt durch eine sinnliche Erfahrung":

wie warm er hält
der schwarze Mantel den ich
niemals tragen wollte

Eva Limbach

Diese Einstellung bzw. Bewertung teile ich mit Horst-Oliver Buchholz.

Nun drängt sich mir beim Lesen der Autobiografie von Abt Muho (Abt eines Zen-Klosters in Japan) ein Haiku auf, das von der Lektüre* zitiert, bewertet und kommentiert wird.

„Der Schatten der Kiefer
ist umso dunkler, je heller
der Mond scheint"

Dogen

Für mich bildet das Haiku von Frau Limbach viel weniger oder gar nicht einen Grenzfall, da es keine Erklärung enthält und eher meditativen Charakter hat. Das Subjekt stellt sich eher nicht in Opposition zum Objekt. Es geht eben mit ihm eine Einheit durch Umhüllung ein.

Dagegen lautet der Kommentar Muhos: „Eine kleine Erklärung der Welt, die an einem Detail das große Ganze aufscheinen lässt". (Der Volksmund sagt: „Wo viel Licht, da viel Schatten".)

„Wie ist es? So ist es, sagt das Haiku. Genau so."

Im letzten Beispiel, das zu Recht als „einmalig, gegenwärtig und ganz konkret" vom Autor gelobt wird, treffe ich meines Erachtens auf ein Zuviel einer direkten Feststellung, nach dem Motto „Fakt ist Fakt".

Alles ist eindeutig und eindimensional. Ein Ende ohne Offenheit – ein Nachklang ausgeschlossen.

Ist das trotzdem ein gelungenes Haiku?

* Ein Regentropfen kehrt ins Meer zurück, Piperverlag

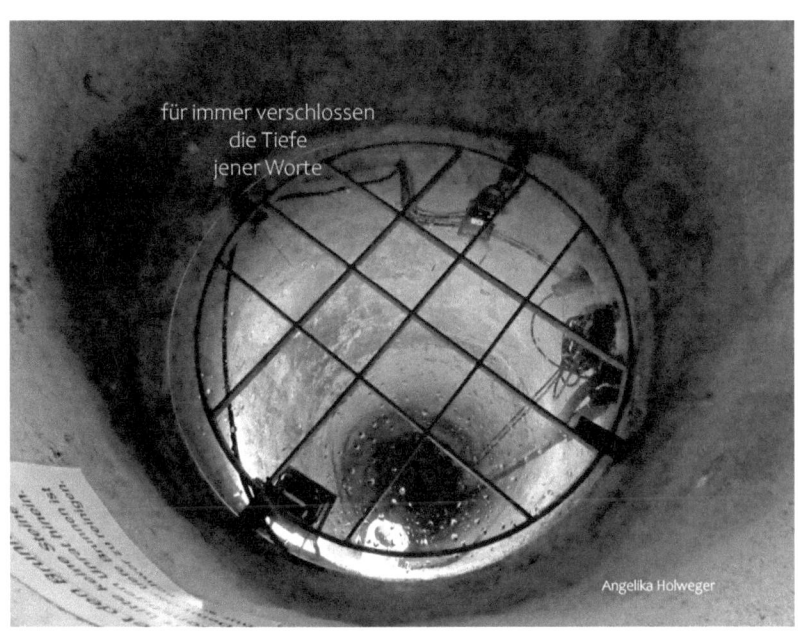

Haiga: Angelika Holweger

Rezensionen/Besprechungen

Klaus-Dieter Wirth

Faszination Haiku – Herkunft · Gegenwart · Zukunft

Ralph Günther Mohnnau: Faszination Haiku – Herkunft · Gegenwart · Zukunft, Alpha Literatur Verlag, Frankfurt am Main. 2013, 72 Seiten. ISBN 978-3-924510-68-7

In Zeiten, in denen die traditionellen Grundelemente des Haiku, das 5-7-5-Silbenschema, das Jahreszeiten- und das Schneidewort zunehmend erodieren, ist es umso wichtiger, dass Handreichungen auf den Markt kommen, die mithelfen, wieder zu einer zeitgemäßen Orientierung zu gelangen. So positiv sich zunächst die neuen Möglichkeiten mit dem Aufkommen des Internets auch für die weitere Verbreitung des Haiku erwiesen haben, so unselig hat sich andererseits der ungezügelte Zu- und Umgang mit dem neu entdeckten „Spielzeug", hauptsächlich in den vielen dubiosen Foren, auf das Wohlergehen des Genres ausgewirkt. Fragt man allgemein nach dem, was ein Haiku letztlich ausmacht, so reduziert sich das Verständnis oft nur noch auf die besagte Silbenschablone, in die dann einfach nur noch irgendein Tagesereignis möglichst effekthascherisch einzupassen ist. Dies hat bereits zu der paradoxen Situation geführt, wie sie insbesondere in den USA offenkundig geworden ist, dass man als ernsthaft bemühter Haiku-Anhänger davon ausgehen kann, dass ein 5-7-5-Silben-Konstrukt mit großer Wahrscheinlichkeit eben kein Haiku ist!

Wie dem begegnen? Sich vorrangig nur in den geschlossenen Foren nationaler Haiku-Gesellschaften bzw. -Gruppierungen bewegen, an Haiku-Wettbewerben teilnehmen, um aus direkt Vergleichbarem zu lernen, anerkannte Haiku-Sammlungen aufmerksam studieren sowie auch verschiedene Anleitungspublikationen wie diese hier gewissenhaft durcharbeiten. Zum Glück sieht es gerade in diesem Punkt auch auf dem deutschen Markt mittlerweile zunehmend erfreulicher aus, ich denke insbesondere an die jüngste Veröffentlichung von Volker Friebel (Das Haiku: Grundwissen – Vertiefungen – der Horizont, Edition *Blaue Felder*, Tübingen. 2019.

164 Seiten. ISBN 978-3-960390-29-9) und – erst vor Kurzem verspätet entdeckt – eben auch diese „Einführung in den japanischen Kunstvers" von Ralph Günther Mohnnau.

Zwar handelt es sich um eine handgebundene und künstlerisch gestaltete Vorzugsauflage von nur fünfzig nummerierten und vom Autor eigenhändig signierten Exemplaren, doch bleibt zu hoffen, dass noch einige verfügbar sind. Auch die übrige Aufmachung, ein etwas eigenwilliges Format von 23 x 17 cm, das cremefarbige Cover mit weinrotem Leinenrücken und gleichfarbigem, spiralförmigem Logo im zentralen Blickfeld bei ansonsten schwarzer Beschriftung, macht sogleich einen ansprechenden Eindruck. Doch auch der Inhalt hält nicht minder Wort! Im ersten Kapitel „Was ist das: ein Haiku und seine Geschichte" (S. 1–27) wird das, was mit dem ersten Wort des Untertitels versprochen wird, voll eingelöst. Danach kommen die „Grundelemente des Haiku" (S. 28–36) zur Sprache, und schließlich erfolgt ein eingehender Blick auf „Das Haiku im deutschen Sprachraum" (S. 37–58). Dazu finden sich am Ende noch auf zwei Seiten „Biografische Daten der zitierten japanischen Haiku-Dichter", fünf Seiten mit Zitatnachweisen und weitere fünf Seiten Quellenangaben, alles nicht unwichtig für die Weiterbildung.

Zusammengefasst wird auf diese Weise nicht nur das nötige Wissen über die Herkunft sowohl des japanischen als auch des deutschen Haiku vermittelt, sondern vor allem auch eine überzeugende Ab- und Eingrenzung der definitiven Wesensmerkmale des Haiku vorgenommen, dazu belegt mit rund 130 Beispielen (davon 16 eigene) aus der japanischen, sogar internationalen und deutschen Literatur. Im letzteren Fall werden zudem – was sonst selten anzutreffen ist – geschickt Texte anderer deutscher Dichter bzw. Künstler zur übergreifenden Veranschaulichung mit durchaus erhellenden Ergebnissen herangezogen.

Alles in allem eine rundum empfehlenswerte Lektüre!

Volker Friebel

Ausgesetzt dem Wind

Claus Hansson & Ilse Jacobson: ausgesetzt dem Wind. BoD, Norderstedt. 2020.

„Haiku-Vielfalt" lautet der Untertitel des Buches von Claus Hansson und Ilse Jacobson – und eine Vielfalt erwartet den Leser auch: ein Autor, eine Autorin, zahlreiche Haiku und haiku-artige Kurzgedichte, einige Tanka, einige Kettengedichte (Tan-Renga und Renhai), zwei Haibun. Die meisten Seiten enthalten einen Text des Autors und einen Text der Autorin, Kettengedichte nehmen immer eine Seite ein.

> an der Reling
> eins mit diesem Blau
> ihrer Augen
>> Claus Hansson

Auch Lesen ist in der Zeit. Das lässt sich für ein Haiku nutzen. Im Text von Claus Hansson wird erst die Szene eines Schiffs entwickelt, dann eine Beziehung zum Blau aufgebaut, sofort sehe ich nach dem Wort „Reling" beim Wort „Blau" das Meer. Die dritte Zeile sorgt für eine Überraschung. Mit dem Blau sind die Augen einer Frau gemeint. Aber das Meer ist schon drinnen – und so entwickelt sich eine eigenartige Gleichsetzung der blauen Augen einer Frau und dem Meer mit seinem herben Duft von Weite und Offenheit.

> wohin denn
> wir Wildblumen
> im Wind
>> Ilse Jacobson

Die Zeichensetzung fehlt, so müssen die Worte vom Leser gruppiert werden. Diese Unbestimmtheit korrespondiert gut mit dem Duft dieses Textes. Ich setze für mich:
> wohin denn   wir   Wildblumen im Wind

Auch wenn ich Unbestimmtheit über Schreibweise und Zeichensetzung eigentlich nicht schätze, in diesem Text spielen sie ihre Vorteile aus.

Interessant auch, wie die Laute w und i um die Vorherrschaft in diesem Text streiten. Die endenden Silben der ersten und zweiten Zeile tragen zusätzlich zur Laut-Ästhetik des Textes bei.

einsamer Tempel
die Glocke lauscht
einer Kirschblüte

Claus Hansson

Niemand mehr schlägt die Glocke des verlassenen Tempels an, so lauscht sie nun selbst, und lauscht auf das, was keiner der Menschen zu hören imstande war, auf das Blühen der Kirschen.

Am Text mag man eine Vermenschlichung kritisieren, und nicht einmal von Natur, sondern eines künstlichen Gegenstands. In diesem Text finde ich sie allerdings sehr gelungen eingesetzt. Sie vertieft die wahrgenommene Stille noch – und macht sie dadurch, dass das Unhörbare, ja Unmögliche angesprochen wird, noch deutlicher.

Und sie legt eine Freundlichkeit hinein, die auch in den Dingen liegen mag, die eine bloße Beschreibung des Wahrgenommenen aber kaum zur Sprache bringen kann.

in meinen Morgen
der Flügelschlag
einer Sumpfmeise

Ilse Jacobson

Die reine Beobachtung des Flügelschlags eines Vogels wäre für ein Haiku ausreichend. Das ist Shasei, das Schreiben nach der Natur, das Shiki propagiert hat.

Die erste Zeile bringt nicht einfach nur die Beobachterin hinein. Das wäre gar nicht unbedingt gut, heißt es doch, im Haiku solle der Autor eher zurückstehen. Die erste Zeile zeigt wesentlich die Beziehung auf, die es zwischen der Beobachterin und dem Objekt ihrer Dichtung gibt. Der

Flügelschlag der Meise, so unscheinbar er sein mag, reicht bis in das Leben der Dichterin hinein – und verändert es, ahnungslos – schon ist die Meise hinter den Bäumen verschwunden.

Die erste Zeile zeigt, wie unsere Leben vielfältig verbunden sind, wie unser Leben von allem beeinflusst wird, das wir wahrnehmen, dem wir uns zuwenden. Wie wir unser Leben durch unsere Zuwendungen färben, verändern, zum Guten wie hier – oder zum Schlechten.

Einige weitere Haiku des Bandes mögen die weite Spannbreite der Texte aufzeigen.

das Lächeln
zwischen ihnen
ein Fächer
    Claus Hansson

Morgensonne
ein rotgelockter Schulranzen
hüpft und hüpft
    Ilse Jacobson

das Dorf erblüht
im Kerzenlicht
tanzen sie Bolero
    Claus Hansson

Ihre Hände –
Dürer muss sie gekannt haben
    Ilse Jacobson

In den Haiku japanischer Klassiker sind, so behaupten deren Kommentatoren, Anspielungen auf schon vorhandene Literatur oder Kultur häufig. Bei uns ist das ungewohnt.

Für europäische Haiku enthalten die Texte sowohl von Ilse Jacobson als auch von Claus Hansson ungewöhnlich viele solcher Bezüge, da sind Rilke, Goethe, Schumann, Spitzberg, Proust, Klee, Mörike, Jiménez und andere.

Angesprochen ist ein weites Feld an Kultur – so wie die Seen angesprochen sind, der Sommerabend, der Perseidenschauer, wie Schulranzen und Blumengesteck, wie Flieder und Raps, wie Apfelblüte und die Wurzeln des Baumes.

Ich streite mit mir, ob ich nicht doch den Bezug von Dichtung auf die nicht-kulturelle Welt für das Haiku besser finden soll. Aber beide Welten sind unbezweifelbar vorhanden und wirken auf uns und unser Erleben. Wie gut, dass man sich nicht für das eine und gegen das andere entscheiden muss!

Über die Qualität des vorgelegten Buches streite ich jedenfalls nicht, das sagt mir schon die Freude beim Schreiben der Rezension.

Rüdiger Jung

Solange wir bleiben im Licht

Angelica Seithe. Hrsg.: Jürgen Brôcan. Solange wir bleiben im Licht. Neue Gedichte. edition offenes feld, Dortmund. 2020. 108 Seiten. ISBN 978-3-752813-51-7.

Der neue Gedichtband Angelica Seithes enthält unter anderem auch bemerkenswerte Beispiele ihrer Kurzlyrik nach japanischem Vorbild. Jeweils vier Haiku finden sich auf den Seiten 13, 41, 57 und 89; jeweils drei Tanka auf den Seiten 25 und 73.

„Wenn morgen die Welt unterginge, würde ich heute noch ein Apfelbäumchen pflanzen." Ein Zitat, das, Luther zugeschrieben, wohl eher Pietistenmund um 1900 entstammt. Bei Angelica Seithe erfährt es eine individualisierte Lesart:

Frühlingsbeginn –
zwei alte Leute pflanzen
einen Apfelbaum
mit krummem Rücken
gießen sie die Grube an (S. 25)

Im folgenden Tanka erwächst der Schlaflosigkeit jene metaphysische Dimension, die die Gedichte Christa Lavants kennzeichnet:

Kein Schlaf
der Sensenmann geht
die Gedanken ab
überm Dachfirst still
die schmale Sichel des Mondes (S. 25)

Nicht minder kunstvoll als Lavant unterläuft Seithe die gängigen Erwartungen: Wirkt der „Sensenmann" gemeinhin dadurch so bedrohlich, dass er von seiner „Sichel" Gebrauch macht, resultiert die Schlaflosigkeit im gegebenen Fall daraus, dass er genau das NICHT tut – und „die Gedanken" feiern ungestört fröhliche Urständ.

Ein Haiku von zunächst erschreckender Bildlichkeit:

tiefe Sonne
vom Windrad
geschreddert (S. 57)

Mein einschränkendes „zunächst" verdankt sich dem Umstand, dass die Sonne, wann immer sie das Windrad durchmessen hat, heil und vollkommen wieder ersteht; ganz anders, als der unmittelbare optische Eindruck „geschreddert" vermuten lässt.

Ein Tribut an die vielleicht berühmteste Dichterin deutscher Sprache ist letztlich weit mehr eine Introspektion der Dedizierenden:

nach Jahren wieder
vor dem Standbild der Droste –
wie jung sie jetzt ist! (S. 41)

Ein zentrales Motiv in den Haiku Angelica Seithes ist die jahreszeitlich wahrgenommene Natur, die zwischenmenschliche Kommunikation ermöglicht oder verhindert.

Das erste Beispiel, das ich zitieren möchte, ist vergleichsweise wenig bedrohlich, weil der Verlust der „Spuren" gerade erst konstatiert wird:

Neuschnee
keine Spuren mehr
zwischen uns (S. 89)

Im zweiten von mir zitierten Beispiel bekommt die Einsamkeit ein sehr viel größeres Gewicht, auch wenn nicht so sehr von Sisyphus-Arbeit als vielmehr verlorener Liebesmüh die Rede ist:

keiner kommt –
sie kehrt und kehrt den Schnee
vor ihrem Haus (S. 41)

Der Leser ertappt sich bei der Hoffnung, dies sei ein vorübergehender Zustand, einzig der Unbill der Jahreszeit geschuldet. – Der Herbst jedenfalls, neben Schönheit wohl vor allem mit Vergänglichkeit und Verlust konnotiert, erweist sich verblüffenderweise gerade als einer, der Nähe ermöglicht:

Herbststürme wehen –
Blatt für Blatt rückt wieder nah
das Haus des Nachbarn (S. 41)

Zusammenkommen, Einswerden – das kann als Wunsch des Menschen durchaus auch auf die Natur zielen:

alte Eiche
mein Schatten verliert sich
in deinem   (S. 41)

Aufgehobensein klingt tröstlich an – in einem größeren Zusammenhang. – Und einmal mehr die Ambivalenz des Herbstes: Dass ein Paar auch in Zeiten des Schwindens in der Natur ein Mehr an Licht wahrzunehmen und zu genießen vermag, ist augenscheinlich kein rein menschliches Phänomen:

kahler Kirschbaum –
zwei Raben in der Sonne
Schulter an Schulter (S. 89)

Volker Friebel

Zum Graureiher verdichtet

Bernadette Duncan: zum graureiher verdichtet. Haiku. BoD, Norderstedt. 2020.

108 Haiku versammelt Bernadette Duncan in diesem Buch, eine Auswahl ihrer zwischen 2007 und 2019 entstandenen Texte. Selbst immer auf der Suche nach Ideen für Buchumschläge, nicke ich lächelnd beim Auspacken des Bandes: hellblauer Hintergrund, der Titel in dunklerem Blau, Name der Autorin und Genre klein und in wenig auffallendem Grau – nichts weiter. Die beste Ästhetik des Menschen, zumindest des Haiku-Menschen, ist die einfache, ist eine, die Himmel und Erde nahekommt.
 Und die Haiku? Einige Beispiele.

honig abfüllen
ein leises singen
im glas

Die Bienen summen hören im Honigglas! Wie in unserer Wahrnehmung, in allem, was wir tun und erfahren, so viel Vergangenheit liegt, so viel Erinnerung! In jedem Regentropfen, der fällt, sind so viele Tropfen, die vor ihm fielen, als Stimmung in uns, die durch alle neuen Erlebnisse wieder aktiviert werden, als Echo, als Hof um die Dinge herum, der unsere Erlebnisse färbt.
 Das ist schön. Und das lässt auch ein Verlangen zu, den Regen einmal so zu erleben, wie das Kind ihn erlebt hat, das zum ersten Mal in ihm stand.

Glück im Puppenladen
der Wolf ist verkauft!

Freuen die Kinder sich oder die Puppen? Es ist gleichgültig, es ist einfach die Freude, die auch der Leser empfindet.

> verfallenes kirchlein
> im alten taufstein, rosa und blau
> der himmel

Ich habe lange darüber nachgedacht, ob eine Streichung von „rosa und blau" den Text verbessern würde. Natürlich gilt es, die Entscheidung der Autorin zu respektieren; das ist kein Werkstatt-Text, sondern eine Veröffentlichung und will deshalb so wahrgenommen werden, wie es gesetzt ist. Die Gedanken spielen aber trotzdem, und da sie sich für die Fassung der Autorin entschieden haben, sollen sie im Rahmen dieser Besprechung auch laut werden.

Lasse ich die Farben der Autorin weg, steht mir vor dem inneren Auge nicht etwa das Blau, sondern farblos die Tiefe des Himmels. Mit den Farben der Autorin sehe ich Kinder im Himmel und komme auf ganz andere Assoziationen. Die Kinderfarben korrespondieren außerdem mit der Verkleinerungsform der Kirche. Ohne die Farben gewänne das Haiku, wenn das Kirchlein zur Kirche wird. Die Autorin möchte offensichtlich auf etwas anderes hinaus, als auf das, was eine Streichung der Farben nahelegt. Der Leser folgt ihr.

Ein Haiku ist fertig, so heißt es, wenn kein Wort mehr gestrichen werden kann. Ein Haiku ist fertig, möchte ich variieren, wenn jedes Wort in ihm dient und keines dumm herumsteht.

> kurz vor dem gipfel
> dreht er um
> der schmetterling

Ein Berg und ein Schmetterling werden genannt. Aber es ist ein Haiku auch über uns Menschen! Über unsere so ganz andere Wahrnehmung als die eines Schmetterlings, vor allem aber über Absicht und Ehrgeiz.

Merkwürdigerweise gibt es die Vorstellung, Verse, in denen Natur vorkommt, seien Naturgedichte. Ich bezweifle, dass es so etwas überhaupt gibt.

Tiere und Pflanzen, Berge und Flüsse werden in Versen genannt. Die Art, wie das geschieht und wie sie sich zueinander verhalten, verweist aber immer zurück auf uns selbst, auf den Dichter und auf die Gesellschaft des Menschen.

klassentreffen
erkenne ihn schon von weitem
den mond

Das Haiku lebt von der Überraschung in der dritten Zeile: Nicht ein Klassenkamerad wird erkannt, sondern der Mond. Der sich seit damals allerdings nicht geändert hat.

Aber nicht die physikalische Realität drängt sich hier als Wahrheit auf. Das Erkennen des Mondes zeigt, dass die Dichterin sich selbst in ihm wiedererkennt. Damals wie heute, es ist der Mond, der am vertrautesten ist, es ist die Seele, die alle Veränderungen und selbst die Zähne der Zeit unverändert zu überdauern scheint. Es sind die Träume, die durch alle Stürme der Zeit sich behaupten und immer noch dieselben wie damals sind.

Eine wundervolle Sammlung von Haiku, die jedem empfohlen werden kann, der neue Sichtweisen entdecken, sich an einer originellen, dichterisch empfundenen Sprache freuen und in die Welt des Haiku eintauchen möchte!

Christa Beau

Spur auf dem Mond – Ślad na księżycu
Polnisch/Deutsch

Sława Sibiga: Spur auf dem Mond – Ślad na księżycu – Haiku und Haiga. Auf Polnisch. Deutsche Übersetzung von Grażyna Werner. Nachwort von Małgorzata Wielgosz. Verlag Wydawnictwo Kontekst, gedruckt in Polen. 2019. 82 Seiten. ISBN: 978-8-365275-91-2

Sława Sibiga ist eine ausgebildete Krankenschwester und polnische Autorin u. a. von mehreren Haiku-Büchern, Co-Autorin von sechs Haiku-Anthologien, seit 2014 Jurorin der jährlichen polnischen Wakai-Haiku-Wettbewerbe in Tychy, Gewinnerin vieler internationaler Haiku-Wettbewerbe und Gründungsmitglied der polnischen Haiku-Vereinigung – eine erfahrene Haiku-Schreiberin.

In ihrem neuen Büchlein haben alle Haiku und Haiga einen Bezug zum Mond. Zwölfmal wurde er von Menschen betreten. Doch wie oft bedichtet! Auch die Autorin ließ sich von ihm inspirieren.

56 Haiku im freien Stil und fünf Haiga, gestaltet mit wenigen schwarzen Pinselstrichen, stellen den Leser in das Licht des Mondes. Seine Reize, Mystik, Schönheit, aber auch seine Kälte sind als Moment in den Haiku eingefangen. Sie fordern den Leser auf, den Mond für ein paar Augenblicke vom Himmel zu holen.

Hier einige Beispiele:

Nacht ohne Mond
in seiner Hand
meine Hand

nach dem Nachtsturm
ich komme ins helle Licht
des Mondes

mein altes Haus
aus der Tiefe des Brunnens
geholter Mondglanz

ein Loch im Dach
von Großmama geerbt
der Frühlingsmond

Frühlingswind
auf den Schwingen der Gänse
ins Mondlicht

nach dem Gespräch
der Sommermond
am klaren Himmel

Brigitte ten Brink

Das weiße Album

Christof Blumentrath und Gabriele Hartmann: Das weiße Album. Renhai.
bon-say-verlag. 2020. ISBN 978-3-945890-34-9 www.bon-say.de

The Beatles. Das einzige Doppelalbum der Beatles, erschienen im November 1968, und wegen seines schlichten weißen Covers auch *The White Album*, „*Das Weiße Album*" genannt. Ein Mix aus vielen verschiedenen Musikstilen und der Beginn ihres Auseinanderlebens. Auch wenn das Album kommerziell sehr erfolgreich war, entsprachen nicht alle Songs den Hörgewohnheiten einiger damaliger (und vielleicht auch noch heutiger) Beatles-Fans, zu scheinbar willkürlich aneinandergereiht waren die Songs nach den zuvor erschienenen Konzeptalben „*Seargent Pepper*" und „*Magical Mystery Tour*".

Nun liegt es vor mir – *Das weiße Album*, nicht auf Vinyl, sondern in Buchform. Quadratisch weiß mit schwarzen Linien, die an Sonagramme erinnern. Der Titel und die Autorennamen sind rot gehalten.

Gabriele Hartmann (GH) und Christof Blumentrath (CB) haben miteinander Renhai geschrieben, dreißig an der Zahl, mit den Titeln der dreißig auf dem Album enthaltenen Songs als jeweilige Startzeile des zweiten Verses (**T**), mit dem ein Renhai immer beginnt. Einer der Autoren (GH bzw. CB) schrieb die zweite Zeile des Startverses sowie den ersten Vers, der andere ergänzte den dritten Vers.

kalter Krieg
die verstreuten Dörfer
tief verschneit

Back in the USSR
noch nicht geschmolzen: der Schnee

Blick hinüber
am Ufer festgefahren
sein Papierschiffchen

GH **T** GH CB

100

Muss man die Songs nun kennen, um dieses Buch zu mögen? Muss man die Melodien und die Texte im Ohr haben? Die Antwort ist ein klares „Nein". Die Fäden, die Gabriele Hartmann und Christof Blumentrath rund um die Songtitel spinnen und zu komplett neuen Texten verweben, stehen für sich.

Auch ich kannte den größten Teil der Songs auf diesem Album nicht, weil ich mich noch nie durch das komplette Album gehört habe. Aus reiner Neugierde habe ich mir aber dann doch alle Texte des Albums aus dem Internet heruntergeladen und gelesen. Wer will, kann in den Renhai assoziative Anknüpfungspunkte an die Lieder entdecken. So zitieren die Beatles, bzw. John Lennon als Autor, zum Beispiel in dem Lied „*Glass Onion*" die „*Strawberryfields*" und andere ihrer Songs. Ich persönlich habe die Erdbeerfelder als „*endlose Felder / in changierendem Rot*" (GH) wiedergefunden. Und im letzten Vers hat derjenige, der „*sein letztes Puzzleteil*" (CB) in den Händen hält, den Song mit all seinen Anspielungen zusammengesetzt:

endlose Felder
in changierendem Rot
das 7. Universum

Glass Onion
zerbrochen nun: Zeit und Raum

zweimal gedreht
sein letztes Puzzleteil
Abendzwielicht

GH **T** GH CB

Um die Renhai dieses Buches zu genießen, braucht es kein Hintergrundwissen. Es ist nicht notwendig, sich durch dieses Werk der Beatles zu arbeiten, um sich daran zu freuen oder auch in Staunen versetzen zu lassen, wie es Gabriele Hartmann und Christof Blumentrath immer wieder gelingt, rund um die Songtitel eigene Werke zu spinnen.

Ich gehe allerdings davon aus, dass die Beiden sich das Album angehört haben und sich auch von der Musik inspirieren ließen, besonders bei den Liedern, die textlich nicht viel hergeben, wie z. B. „*Revolution 9*" und „*Good Night*"; die beiden letzten Titel des Albums. „*Revolution 9*" ist eine experimentelle Klangcollage, ein musikalisches Inferno mit gesprochenen Textfetzen. Daraus wurde eines meiner Lieblings-Renhai in diesem Buch:

wie ich mich drehe
und wende: Satan starrt
aus dem Spiegel

Revolution 9
geht einfach weiter, Frau Lot

dort!
ein Faden Lametta
im Osterfeuer

GH **T** GH CB

Und der Titel des Lullaby „*Good Night, Sleep Tight*"inspirierte zu dem Renhai

Sommerabend
ihr Körper riecht
nach Pferd

Good Night
auf die Stirn geküsst

den Scheitel
der Himmelsleiter krönt
ein Hufeisenmond

CB **T** CB GH

Diese Renhai von Gabriele Hartmann und Christof Blumentrath berühren, indem sie Platz lassen für die eigene Phantasie und Raum geben für das ganz persönliche Empfinden, denn der Sinn eines Textes entwickelt sich und entsteht während seiner Rezeption.

Und nicht nur die Renhai berühren. Die in Grautönen gehaltenen kunstvollen Fotografien, surrealistisch abstrahierte Sujets von Gabriele Hartmann und fast unwirklich anmutende Schneebilder von Christof Blumentrath, faszinieren als kühle und geheimnisvolle Begleiter der in den Renhai festgehaltenen Geschichten.

Haben Sie ein Buch, das Sie gerne in der Rubrik „Rezensionen/Besprechungen" rezensiert sehen möchten? Ob Leser/Leserin, Autor/Autorin oder Verlag: Schicken Sie es an:

Deutsche Haiku-Gesellschaft
Thomas Opfermann,
Dorfstr. 93, 52224 Stolberg

Die Redaktion begutachtet jede Einsendung; eine Garantie auf Veröffentlichung einer Rezension stellt dies jedoch nicht dar.

Bitte achten Sie beim Verfassen von Rezensionen darauf, dass nicht mehr als zehn Prozent des Buchinhalts zitiert werden.

Haiku: Claudia Brefeld, Foto: Paul Bernhard

Mitteilungen

Neuveröffentlichungen

1. Angelica Seithe: Solange wir bleiben im Licht, Gedichte, Haiku und Tanka. edition offenes feld, Dortmund 2020. ISBN: 978-3752813517

2. Bernadette Duncan: zum graureiher verdichtet, Haiku. BoD. ISBN 978-3-750405-72-1. Eine Buchbesprechung von Claudia Brefeld auf www.haiku.de/Haiku-Bibliothek

3. Claus Hansson und Ilse Jacobsen: ausgesetzt dem Wind, Haiku und artverwandte Gedichte. BoD. 2020. ISBN 978-3-70470-31-6

4. Christof Blumentrath und Gabriele Hartmann: Das weiße Album, 30 Renhai. Inspiriert durch die Song-Titel des gleichnamigen Albums der Beatles und 11 Schwarzweiß-Fotografien. 21 x 21 cm, 48 Seiten, Hardcover, Fadenbindung, bon-say-verlag, 2020.
Zu beziehen unter: info@bon-say.de

Sonstiges

1. Haiku-Aufruf 2020 der DHG für die Haiku-Agenda 2021

Die Teilnahmebedingungen sehen vor:

– Bis zu vier Haiku pro Teilnehmer, wobei jedes Haiku eine andere der vier Jahreszeiten thematisieren soll, wozu sich beispielsweise die bekannten Bezüge zu Klima und Natur, zu Fest- und Feiertagen eignen.
– Die Haiku müssen unveröffentlicht sein.

Für das Cover der Agenda 2021 nehmen wir gerne Gestaltungsvorschläge entgegen.

Hier gelten folgende Bedingungen:

– Eine Einsendung (in Hochformat, ohne Beschriftung) pro Teilnehmer

- Einreichen im verkleinerten Format ist möglich – zur Verwendung müsste der Vorschlag in ausreichender Größe (etwa 1400 Pixel x 2250 Pixel oder mehr) zur Verfügung gestellt werden können.

Einsendeschluss für alle Zusendungen zur Haiku-Agenda 2021: 30. Juni 2020 – Stichwort „Agenda 2021"

Per E-Mail bitte an:
peter.rudolf@dhg-vorstand.de

Per Post bitte an:
Petra Klingl
Wansdorfer Steig 17
13587 Berlin

2. Haiku-Preis 2020 von Haiku heute

Haiku heute schreibt das zweite Jahr einen Haiku-Preis aus.

Modalitäten: Die Teilnahme ist frei. Jeder Autor kann ab sofort bis einschließlich 31.07.2020 bis zu zwei eigene Haiku in deutscher Sprache einreichen, die bisher nicht öffentlich geworden sind. Diese sollten bis zum 30.09.2020, dem Abschluss der Auswahl, nirgendwo veröffentlicht werden. Das Thema der Texte ist frei. Ein Haiku sollte aus möglichst nicht mehr als drei Zeilen und möglichst nicht mehr als 17 Silben bestehen. Die Haiku können nur online auf dem für den Haiku-Preis vorgesehen Formular bei www.haiku-heute.de eingereicht werden. Falls sie nicht von der einreichenden Person stammen, muss der Einsender zuvor die Erlaubnis des Autors eingeholt haben und das im Formular bestätigen. Falls eine Person mehr als zwei Haiku einreicht, werden nur die beiden zuletzt eingereichten berücksichtigt.

Rechte: Die Rechte an allen Haiku bleiben bei ihren Autoren. Bei ausgewählten Haiku nimmt Haiku heute die nicht-exklusiven Veröffentlichungsrechte von Haiku und Autorenname für seine Seiten in Anspruch sowie für einen Bericht zum Haiku-Preis, der auch an anderen Stellen und in anderen Medien erscheinen oder nachveröffentlicht werden kann, sowie für das Haiku-Jahrbuch. Die Autoren von ausgewählten Haiku können ihre Texte nach Veröffentlichung des Ergebnisses weiterhin frei verwenden.

Auswahl der Haiku: Eine Jury wird die ersten drei Plätze bestimmen sowie eventuell noch weitere Haiku auswählen. Zur Mitwirkung in dieser Jury angesprochen werden alle Haiku-Autoren, von denen in den drei letzten Ausgaben des Haiku-Jahrbuchs (das sind die Jahrbücher 2019, 2018, 2017) jeweils mindestens drei Haiku ausgewählt wurden. Alle Mitglieder der Jury können gerne auch eigene Texte einreichen, dürfen diese aber nicht bewerten.

Gewinn: Die Bestplatzierten erhalten Zertifikate ihres Abschneidens. Einen materiellen Gewinn gibt es nicht.

Koordination: Die eingereichten Haiku sammelt Volker Friebel, der selbst keine Haiku einreicht und sich nicht in der Jury betätigt.

Widmung: Der Haiku-Preis bietet Gelegenheit, jedes Jahr auf eine Person in der Haiku-Dichtung besonders hinzuweisen. Im Jahr 2020 ist der Haiku-Preis Imma von Bodmershof (1895–1982) gewidmet. Ein Artikel von Conrad Miesen zu ihrer Biografie und ihren Verdiensten um das Haiku erschien 2012 im SOMMERGRAS 98 und ist im Netz einsehbar.

Haiku-, Tanka- und Haiga-Mentoring

Für das **Haiku-Mentoring** stellt sich zur Verfügung

Claudia Brefeld claudia.brefeld@rub.de

Für das **Tanka-Mentoring** stellt sich zur Verfügung

Tony Böhle tonyboehle@web.de

Für das **Haiga-Mentoring** stellt sich zur Verfügung

Claudia Brefeld claudia.brefeld@rub.de

Coverbild

Das Bild für das Cover dieser Ausgabe kommt von **Gabi Buschmann.**
Gabi Buschmann wurde 1953 in Wiesbaden geboren und lebt in Nieder-seelbach im Taunus. Sie ist seit 2006 passionierte Makrofotografin und liebt es, stundenlang mit der Kamera die Natur zu erkunden. Sie betreibt mit ihrem Mann zusammen ein nicht kommerzielles Forum für Makrofotografen (www.makro-forum.de). Gedichte schreibt sie schon länger; Haiku erst seit 2016, unterstützt durch die Teilnahme an den zweimal im Jahr in Wiebaden stattfindenden Haiku-Workshops.

Impressum

Vierteljahresschrift der Deutschen Haiku Gesellschaft
32. Jahrgang – Juni 2020 – Nummer 129

Herausgeber: Vorstand der DHG
Tel.: 040/460 95 479
E-Mail: info@deutschehaikugesellschaft.de

Redaktion: Horst-Oliver Buchholz, Eleonore Nickolay, Thomas Opfermann,
Mitarbeit: Ramona Linke, Claudia Brefeld

Titelillustration: Gabi Buschmann
Covergestaltung: Stephanie Mattner

Lektorat, Satz Martina Khamphasith
und Layout:

Freie Mitarbeit erwünscht. Ihre Beiträge schicken Sie bitte per

E-Mail an: Horst-Oliver Buchholz, Eleonore Nickolay, Thomas Opfermann:
redaktion@deutschehaikugesellschaft.de

Post an: Petra Klingl, Wansdorfer Steig 17, 13587 Berlin

Über die Veröffentlichung der Beiträge entscheidet die Redaktion. Die Meinung unserer Autoren muss sich nicht immer mit der Meinung der Redaktion decken. Die Beiträge werden von uns sorgfältig geprüft, für die Richtigkeit, Vollständigkeit und Aktualität der Inhalte, insbesondere der fremdsprachlichen Texte, können wir jedoch keine Gewähr übernehmen.

In der Zeitschrift SOMMERGRAS wird (betrifft Beiträge der Redaktion) die männliche Form stets generisch gebraucht und bezieht folglich die weibliche Form mit ein.

Einsendeschluss
für die Haiku- und Tanka-Auswahl: ~~15. Juli 2020~~
20. Juli 2020 **Bitte beachten Sie den geänderten**
© Alle Rechte bei den Autoren. **Redaktionsschluss!**
Nachdruck nur mit Genehmigung des Herausgebers gestattet.

Jahresabonnement Inland (inkl. Porto) 45 €
Jahresabonnement Ausland (inkl. Porto) 55 €
Einzelheftbezug Inland (inkl. Porto) 12 €
Einzelheftbezug Ausland (inkl. Porto) 14,50 €
Auslandsversand nur auf dem Land-/Seeweg.

Der Mitgliedsbeitrag beträgt 45 € im Jahr und beinhaltet die Lieferung der Zeitschrift (Inland inkl. Porto, Ausland + 10 € Porto).
Die finanzielle Unterstützung der DHG quittieren wir mit Spendenbescheinigungen.